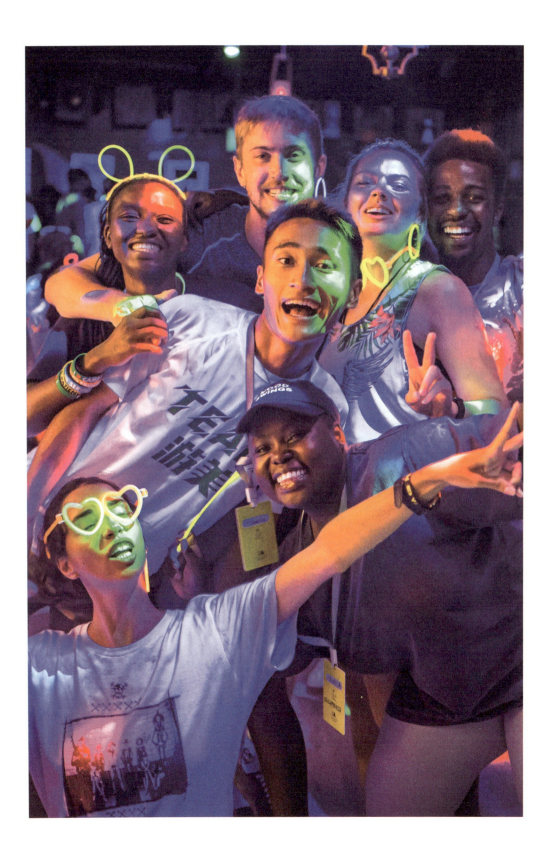

不止于营地 S'MORE THAN CAMP
大咖推荐

引进国际经验 助力中国营地教育发展

俞敏洪
新东方教育科技集团董事长

营地作为一种教育载体，可以与学校教育、家庭教育形成有机互补。斯科特在《不止于营地》一书中深度挖掘了营地教育赋予孩子们的无限潜能和独特的成长助力，以及如何让孩子获得面对未来人生的勇气与能力。营地教育中国本土化模式已经"初露锋芒"。

约翰·乔根森
国际营地协会（ICF）前主席

与营地相关的"非正规教育"一词还不能准确传达营地对孩子们成长的重要性和贡献。营地为孩子们提供了关键的生活技能训练，并培养了无数优秀的孩子。

汤姆·罗森伯格
美国夏令营协会（ACA）主席 / CEO

在全球新冠肺炎疫情背景下，营地体验从未像今天这样更具有教育意义和发展潜力。对于营地行业从业者，尤其是营地新手辅导员来说，《不止于营地》是一本常读常新的营地辅导员手册。斯科特创作了一本有趣到令人无法抗拒、充满回忆的工作手册，其中的分享和故事鼓舞人心且让人受益匪浅。

不止于营地
大咖推荐

S'MORE THAN CAMP

引进国际经验 助力中国营地教育发展

王丽萍

第 27 届悉尼奥运会竞走冠军
"未来领袖"全球青少年戈壁徒步挑战赛推广大使

体育是教育不可分割的一部分，营地、户外运动是孩子挑战自我、了解自然，成长路上必不可少的课程，体育赋能未来，营地始于教育。

黄怒波

中坤集团创始人
北京大学创业训练营理事长
完成七大洲高峰的攀登并徒步到达南北极点，其中三次登顶珠峰

对新事物的好奇是孩子的天性，永不放弃是一种精神。面对未来的不确定性，探险精神和坚毅品质的突显是社会进步和国家软实力上升的标志，也是营地教育和户外运动背后蕴含的价值。希望通过营地和户外运动，让教育回归本真，让生命回归自然，让其成为一代人最特殊的经历和最宝贵的精神财富。

郑培敏

荣正投资董事长
资深资本市场人士

国内营地教育的发展，需要一批掌握优秀营地管理经验并且植根于本土的专业队伍。一个好的营地就是多彩的小小世界，孩子们将在这里自由自在地奔跑、潜移默化地改变、无忧无虑地成长。

不止于营地 S'MORE THAN CAMP
大咖推荐

引进国际经验 助力中国营地教育发展

钱俊伟

北京大学体育教研部主任
北京体育大学博士
北京市青少年营地教育协会副理事长

《不止于营地》是一本集理论与实践指导于一体的佳作，它很好地诠释了营地教育不仅仅是教育教学课程，更是青少年教育的一种方法、载体和平台。在这里实现了我们梦寐以求的教育理想——德智体美劳的五科融合。不止于营地，是因为，让教育发生在营地，让参与者体验的有意义知识和理念"正迁移"到营地之外的慢慢人生长河中。

张恒

三夫户外董事长
户外运动资深达人

孩子们从自己动手的经历中，常常能学到终身受益的技能，从与大自然和同伴的互动中，得以更真切地认识自己，营地教育为孩子们提供了这样的机会。在电子产品日益流行的当下，这样的机会尤其珍贵。

王学辉

中营联营地教育发展中心（CCEA）第二届理事长
水木清华校友种子基金 执行董事

感谢游美和Josh李璟晖先生帮国内营地教育界引入这样一本"红宝书"，期待更多行业同仁都能通过此书获益，让营地教育发展的更健康、更多元！

不止于营地 S'MORE THAN CAMP
首席推荐官

引进国际经验 助力中国营地教育发展

路上（朱星翰）

- 刀锋探索·CEO
- 陶冶户外·联合创始人

"双减"政策发布以来，教培行业发生了巨大的变化，素质教育赛道必定回暖；在营地教育行业蓬勃发展的背景下，中国青少年开始逐步爱上户外、爱上营地，激发孩子的探索精神、好奇心，并在这一过程中发现世界的奇妙与精彩，探索生命与成长的意义。

斯科特在本书中从多种角度分享了营地活动中不同角色之间的沟通、策略、管理经验，是一本非常有意义，且值得营地行业、户外运动行业、广大教育工作者以及孩子家长认真研读的书。

不止于营地 S'MORE THAN CAMP
首席推荐官

引进国际经验 助力中国营地教育发展

靳建洋

- 智慧营地 · 创始人
- 拓展者集团 · 董事长
- 中营联营地教育发展中心（CCEA）· 理事
- 河南省新时代劳动教育和综合实践专业委员会 · 副理事长兼秘书长

"双减"政策给孩子们留出了走入自然、探索世界的时间，中国的营地教育也赢来大发展时期。

如何合理汲取西方营地教育发展进程中的成功经验？唯有兼容并蓄，发展中借鉴，成长中完善。中国的营地教育方能走出一条具有民族特色的路径，越是民族的越是世界的。

不止于营地 S'MORE THAN CAMP
首席推荐官

引进国际经验 助力中国营地教育发展

庞刚

- 运动宝创始人 /CEO

体育是人类最好的教育,而营地无疑是实现体育教育的最好方式。让体育更好地服务青少年的健康,兴趣的培养、人格的塑造,责任心的养成等统统都是营地教育的产物,是的,不止于营地!

不止于营地

游美营地教育 主编

清华大学出版社
北京

版权所有，侵权必究。举报：010-62782989，beiqinquan@tup.tsinghua.edu.cn。

图书在版编目（CIP）数据

不止于营地 / 游美营地教育主编. — 北京:清华大学出版社，2022.3（2023.12重印）
ISBN 978-7-302-60223-1

Ⅰ. ①不⋯　Ⅱ. ①游⋯　Ⅲ. ①野营（军事体育）—研究　Ⅳ. ①G873

中国版本图书馆CIP数据核字（2022）第037980号

责任编辑：刘　杨
封面设计：邓茗曦
责任校对：赵丽敏
责任印制：沈　露

出版发行：清华大学出版社
　　　　　网　　址：https://www.tup.com.cn，https://www.wqxuetang.com
　　　　　地　　址：北京清华大学学研大厦A座　　邮　　编：100084
　　　　　社 总 机：010-83470000　　　　　　　　邮　　购：010-62786544
　　　　　投稿与读者服务：010-62776969，c-service@tup.tsinghua.edu.cn
　　　　　质量反馈：010-62772015，zhiliang@tup.tsinghua.edu.cn
印 装 者：三河市东方印刷有限公司
经　　销：全国新华书店
开　　本：165mm×235mm　　　印　　张：12.75　　　字　　数：205千字
版　　次：2022年5月第1版　　　　　　　　　　　印　　次：2023年12月第2次印刷
定　　价：55.00元

产品编号：096487-01

编 委 会

主　编：李璟晖

副主编：路　上（朱星翰）　靳建洋　庞　刚

委　员：（根据姓氏笔画排序）

丁长峰　于　明　王世刚　付德全　代改珍　伍　斌

刘　婷　刘志宏　李文翰　李金泽　李晓冬　李韬之

杨　山　杨　娇　吴　湄　吴志荣　余　跃　沈文博

宋　辉　张　开　张京洛　张保新　陈镜洁　赵　超

黄伟茹　黄国忠　符善翔　葛敏敏　魏永忠

Marco D. Reyes　Michael K. Lewis

序 一

斯科特·阿里萨拉（Scott Arizala）先生是我多年的好朋友。2017年3月，我们相识于美国大西洋城举办的三州营地大会。在这次大会上，我现场聆听了斯科特先生的两场精彩演讲，收获很大，也很受启发。三州营地大会后，我于2017年4月和2018年5月邀请斯科特先生两次造访中国，在游美千岛湖营地对中国的营地从业人员开展营地大师课程培训；接着在2019年9月，我又将游美北京、上海、千岛湖3个营地的营长送往美国斯科特先生的营地进一步深造学习。在与斯科特先生的多年交往和合作过程中，我感受到了他作为深耕营地行业30多年的资深营地人和营地培训大师的激情、魅力与专业。我非常希望有更多中国营地行业的伙伴们也能够通过斯科特先生的培训获得更好的成长，从而进一步促进中国营地事业的发展，再通过中国营地的发展，帮助更多的中国青少年健康成长。

原计划近几年再次邀请斯科特先生来中国和中国营地同行做更多的交流，但是由于新冠疫情爆发，中美两地往返不是很方便，所以邀请斯科特先生来华，已经不太现实。然而中国营地教育正处在高速发展期，我们触摸到中国营地行业发展的强劲脉络，中国营地行业仍然需要引进有100多年历史的美国营地管理经验，仍然需要引进高质量的营地培训课程，仍然需要在中国培养出高水平的营地辅导员队伍和从业人员。好在我们手上还有斯科特先生的这本关于营地培训的宝典。于是经过与斯科特先生几次深入交流沟通后，我决定把斯科特先生的这本著作 *S'more Than Camp* 引进中国，编译出版。我很荣幸作为本书编委会的主编，并在清华大学出版社的大力支持下，将该书的中文版《不止于营地》正式出版发行。希望这本书能让更多的中国营地教育从业者，以及关注中国青少年发展的相关机构和人士有机会从斯科特先生的著作中获得收获与启发。正如我引进此书的初衷，希望可以"引进国际经验，助力中国营地教育发展"。

《不止于营地》是一本有关营地辅导员培养和青少年成长的书籍，被誉为美国营地培训的宝典。本书是作者汲取了自己作为营员、辅导员、营地管理人员、行业顾问的30多年资深"营地人"的实践与经验，与读者分享了作为一名营地辅导员如何在营地（夏令营）中，利用营地这个独特的场景对青少年进行有效的交流沟通和教育管理。

正如斯科特先生的好友，哈佛大学的心理学博士——克里斯托弗·瑟伯（Christopher Thurber）先生对本书的评价："斯科特是国际少有的青少年营地发展与教育的专家。他不仅了解年轻人，还知道如何与他们有效地交流。《不止于营地》一书分享了有关青少年营地教育最重要的发展观念和实践经验。斯科特丰富的营员、辅导员和营地顾问的经历，以及他坦率、真实的写作风格，使这本书的内容变得实用、幽默、易懂和令人难忘。这是一本值得所有一线营地工作者和管理者阅读的书籍。"

由于本书是斯科特先生30多年"营地人"的生活和工作总结，所以书中列举了大量在营地发生的、作者亲历的真实故事，每一个营地、每一个营员、每一个辅导员的形象都历历在目、清晰可见。而且书中通过诸多真实的案例教给我们如何与孩子打交道、与孩子进行有效沟通、赢得"问题孩子"的信任，帮助"问题孩子"恢复自信心、重返集体等非常具体的技巧和办法。比如：如何站在孩子的角度去理解孩子？如何成为一个很酷的辅导员？如何成为孩子的榜样？在回答这些问题时，书中提到了微笑原则、到达孩子高度原则、运用面部表情与情感语言、肢体语言、目光接触、倾听、站在孩子立场理解孩子等原则与方法，以及3P原则，即"Praise、Practice、Present"等非常具有指导意义和实操价值的理论和技巧。这些都是斯科特先生30多年营地从业经历的宝贵经验总结。这些经验不单单对营地辅导员、营地管理者有帮助，而且对于青少年工作者、儿童教育工作者来说，都非常有价值。

本书虽然是一本营地行业培训的宝典，但是正如其名"S'more Than Camp"，其内容"始于营地，又不止于营地"，虽然讲述的是营地场景下营地辅导员如何高质、高效教育管理营员的问题，但实际上这也是一本围绕孩子成长规律和特点所撰写的关于"青少年成长"的书籍。所以，从孩子教育的角度出发，从青少年发展的角度出发，无论是营地从业人员，户外体育运动、校外培训机构老师，学校里的教育工作者，还是孩子的家长都应该仔细研读一下这本书，因为这确实是一本有关青少年发展的非常有价值、有意义的书籍。

另外，作者希望通过分享夏令营活动以及营地辅导员互动、管理的经验，让读者感悟和学习可以用来提升其沟通策略、冲突管理能力、问题解决能力、领导和管理能力的方法。同时，也希望教会读者如何与人交往，希望读者从中找到改善自己的处境或者提升人际交往能力的办法。

本书在沟通技巧和领导力方面也有着更深层和专业的指导意义。以组织和管理夏令营活动的逻辑为蓝本，其他社会组织、商业团体、政府部门也可以从营地管理逻辑中学习如何去创新、管理、重新定义并迭代自身的运作模式。因此从组织管理学角度看，这也是一本适合所有管理人员阅读的书籍。

再者，由于本书涉及大量青少年营地、户外运动、人际交流等多方面内容和领域，所以，对于青少年营地教育、户外运动、体育、研学、游学以及文旅发展等行业的投资人来说，如果想要了解这些领域和行业背后更深层次的教育属性和相关的文化背景，这也是一本不错的投资参考书。

最后，再次感谢本书作者斯科特先生授权游美营地在中国出版这本营地教育宝典（S'more Than Camp）的中文版《不止于营地》，同时感谢清华大学出版社的大力支持。感谢全国政协委员、新东方教育科技集团董事长俞敏洪先生、国际营地协会前主席约翰·乔根森（John Jorgenson）先生、美国夏令营协会（ACA）主席汤姆·罗森伯格（Tom Rosenberg）先生、中营联营地教育发展中心（CCEA）理事长刘婷女士、奥运冠军王丽萍女士、中坤集团创始人及北大创业训练营理事长黄怒波先生、荣正投资董事长郑培敏先生、北京大学体育教研部主任钱俊伟先生、三夫户外董事长张恒先生、水木清华校友种子基金执行理事王学辉先生等国内外营地专家、奥运冠军、户外运动达人、企业家、教育家、投资人等各界大咖和专家们的鼎力支持和推荐。感谢本书的三位副主编及首席推荐官路上（朱星翰）先生、靳建洋先生、庞刚先生；感谢代改珍女士、丁长峰先生、符善翔先生、付德全先生、葛敏敏女士、黄伟茹女士、黄国忠先生、刘婷女士、李金泽先生、李韬之先生、李晓冬先生、李文翰先生、刘志宏女士、沈文博先生、宋辉先生、王世刚先生、魏永忠先生、吴湄女士、吴志荣先生、伍斌先生、杨娇女士、杨山先生、于明先生、余跃先生、张保新先生、张京洛先生、赵超先生等30余位编委会委员及联合发起人的赞助与支持，正是因为有你们的支持与帮助，本书才得以出版和发行。再次感谢你们！

未来，游美营地将继续发挥在国际营地行业的优势，和国际营地协会（ICF）、美国营地协会（ACA）等机构进一步合作，引进全球最好的营地教育相关书籍在中国编译出版。

"引进国际营地经验、促进中国营地教育事业发展"。

李璟晖

游美营地创始人/CEO

国际营地协会（ICF）中国大使

2022 年 1 月 1 日

序 二

15年前，当我开始写这本书的时候，有两个问题一直萦绕在我脑海中。"怎么会没有一本关于如何成为营地辅导员的书？"，"难道大家不知道这是一件对任何营地来说都是最重要的事情吗？"。当我为即将出版的中文版《不止于营地》撰写序言时，我很荣幸能够回答这两个问题。在多元的营地教育环境下，本书为一代营地辅导员、营地管理者和青年发展专业人士提供了如何与孩子建立更融洽的关系的路径。这本书出版后，我花了大部分时间来倾听每个与营地有关的故事，营地辅导员是孩子们获得良好营地体验的关键。我非常兴奋能够以专业的角度从两方面内容给中国的营地教育事业分享经验。

作为辅导员，你将扮演一个关键的角色，并帮助他人成为更好的自己。

很开心能与游美营地教育合作，在中国出版这本书。作为中国最早把国际夏令营带给国内青少年的机构之一，游美重塑了中国夏令营模式，弥合了北美夏令营行业与中国营地教育行业的差距。当游美的创始人与我分享中国夏令营的前景和日益增长的营地教育需求时，我被他的故事打动。一群志同道合的人聚在一起，为孩子们的成长共同努力。这群充满活力和热情的人士，在资源以及方向极其缺乏和不明确的情况下，打造了一场营地新运动。这场运动让人看到了"一切皆有可能"的态度。即使是短暂的夏日营地时光，也能感受其中。

对于任何一个优秀的营地来讲，联系和关系是其良好发展的核心，营地辅导员和营地一线工作人员建立了长期的联系。夏令营与其他重视人际关系的职业（如教学、社会工作甚至医疗保健）的不同之处在于，在夏令营中，我们将这些联系，融入到乐趣和大家的参与中。然而，这不仅仅是娱乐，每个人都会在营地学到很多东西。事实上，大多数孩子会告诉你，他们在营地学到的东西比其他任何地方都多。其原因在于当孩子们有玩耍和活跃的空间，并有精力充沛、充满爱心和热情的青年人围绕在身边时，他们就会茁壮成长。他们学到的东西多于课程内容或活动目标。他们学会分享，互相交谈，接受新想法，尝试不同的事情，并学会谈判，为自己辩护，在团队合作中学习和工作。孩子们在玩乐的同时学习到的并不仅仅是这些。综合能力的提升对他们凭借毅力达成目标有实际上的帮助。同时也开阔了孩子们自我认同的眼界，提升了他们的认知。特别值得一提的是，中国的夏令营行业将"教育"放在首位。其采取的是一种全面的教育方式。毫不夸张地说，孩子们在夏令营的几周内学到的东西可能比在学校里一整年学到的东西更多。

　　让我们回到营地辅导员的话题。对于营地所有计划、培训和资源，实际执行者是营地辅导员。他们和孩子们一起玩，一起做活动，一起哭和笑，全身心投入到活动体验中。孩子们回家时仍记得他们的辅导员。他们是被孩子们新发现的榜样，其中一些甚至已经上升到超级英雄的水平。

　　如果你正在阅读本文，很可能你就是我所说的专业管理者之一。这一切都是因为你对夏令营、孩子和这段经历的激情和热爱。你是终极"幕后"角色之一。如果营地是一所房子，那么你就是这所房子的基础。也许我们不会总是看到它，但没有它，这一切都不可能存在。所以，我想借此机会向所有决定投入到夏令营行业的你们说声"谢谢"。因为你所做的一切工作和贡献，将会使一代孩子成长得更好。他们有机会学习更多，欣赏更多，并为他人变得更好，这一切都是只有你才能给予他们的礼物。

　　我希望《不止于营地》这本书能为你和你的员工提供一个全新的起点。虽然与孩子们一起玩耍工作是一次疯狂的冒险，尤其在夏令营中，但是这本书可以成为你冒险的地图。

　　保重！并祝你愉快！

斯科特・阿里萨拉
2022 年 1 月 1 日

目 录

秘密解码手带   1
    何为营地辅导员？   4
    谁是营地人？   5
    营地文化指的是什么？   5
    "我并不是营地辅导员或营地人，也不从事任何与
    青少年发展相关的工作，那么这本书对我又有什么意义呢？"   6
    站在孩子的角度去理解孩子   7
    成为非洲王子赤卡卡之路   8

世界上最酷的人   10
    榜样   12
    我在寻找什么？   14

每个人都应该知道你去哪里了？   23

记得微笑！微笑的人更长寿   35
    沟通是什么？   35
    微笑（使人长寿）   37
    到达孩子的高度   39
    面部和情感语言   41
    开放式和封闭式的肢体语言   44
    用手讲话   47
    倾听并理解思想   49
    关于谈话的基础知识   54
    精简语言   56
    小伙伴马尔科姆……   57
    讽刺语言收效甚微   58

"我"的陈述句	59
生气毫无效果	60
不要一直讲规则！	**62**
给事物取名	67
聪明与勤奋	68
承认并证实	69
这是我人生中最美好的夏天——2007年蜻蜓森林露营	**71**
前五分钟技巧	71
第一次谈话	72
知道他们的名字	74
介绍大家	74
建立常规和时间表	75
开始了解	78
参与	79
确定营员了解基本信息	80
小组	83
狼兄弟——在营地中秘密活动、伪装、讲故事	**91**
破解创意代码	103
理想的营地辅导员	**106**
领导力	109
有条理	109
有一堆好点子	110
可靠	110
热情	111
耐心	111
自信	112
体贴	113

做事情有准备	113
觉察他人需要	114
灵活变通	114
自己穿鞋，自己做决定	**116**
提问	119
避免权力斗争	120
将行为与人分开看待	120
后果明确一致	121
重新定向	121
替代	122
搞定了！	**124**
冲突管理与问题解决	124
事件回顾	133
过程	133
哭泣的猫女孩	**138**
站在他们的高度解决问题	138
尴尬的成人时刻：伪装游戏，沉默和解决问题	142
做自己！	**145**
运用你的技能	152
发展自己的技能	161
明年夏天再见！	**162**
常联系	**164**
行动号召	164
员工培训永无止境	165
致谢	**166**

秘密解码手带

那是 1982 年,只有 7 岁的我正在去参加夏令营的路上。

那时我有些忧伤,有些紧张,内心非常忐忑,只能盯着一辆破旧的蓝色公交车看。那是六月里一个凉爽的周六清晨,我在基督教青年会停车场下车,拖着我的行李箱和背包,去参加我人生中第一次夏令营活动。以前暑假的时候,我参加的都是周围的各种日间营活动,但这一年不知什么时候,我父母突然觉得我到了该参加寄宿夏令营的年纪。他们把我送到 Al-Gon-Quian 营地(简称 AGQ)。

斯科特 7 岁时的照片

我也记不清是因为他们担心还是因为我的强烈要求,当时我最好的朋友本·曼瑟尔也和我一起参加夏令营。我和本不管做什么都在一起。在我们都还不记事的时候,我们就经常在一起玩了。从送报纸,到过夜留宿;从嬉戏的木屋到骑自行车游玩;如果你发现本在哪里做什么事情,那么你也一定能发现我的身影;如果我突然喜欢上某件事,不久本也会加入进来,我们总是如影随形。那时,我们正在去夏令营的路上。我清晰地记得:当时,我们的父母让我们坐好以后,告诉我们,我们就要去参加为期 3 周的夏令营活动了(当时的夏令营活动时间都是 3 周),并叮嘱如果有什么问题,我们可以找乔西(本的哥哥,当时 11 岁)帮忙,他会照顾我们。我们带了些防虫喷雾,几双印有数字的圆筒短袜,以及满满的好奇心就出发了,开启了我们第一次真正的探险。

他们把我们送到大巴车。上车后,我和本坐在一起,窗外我爸妈冲着我微笑挥手。我现在只能想象他们的心理活动了:可能他们有点担心,更可能的是他们会觉得有些宽慰,不过我敢打赌,他们一定非常激动。而我呢,却觉得有点小忧伤。虽然我还能看到爸爸妈妈,但我却已经开始想家了。以前,我离开他们最远的时候也不过是去到马路对面的本的家里;而现在,我却乘着大巴车,一路北上。

大巴出发了，但我的心却似乎仍然和我爸妈在一起。当大巴车缓缓驶出停车场，驶向主干道时，我感觉自己的心好像从身体中被抽离出去。我眼里蓄满泪水，感觉有点晕眩，紧接着，就意识到身边发生了一件让我觉得很诧异的事。根据我多年乘车上学的经历（到那时为止已有整整两年），我从没见过哪个人在过道来回溜达却不被司机呵斥指责的，但这样的事却在当时发生了。有一位头发乱蓬蓬的营地辅导员，他戴着配套的腕带和头带，穿着一件特别紧身的 AGQ 营地工作衫（毫无疑问，是领子竖着的那种），在过道里走来走去，而司机连看都不看他一眼。我开始带着极大的好奇心观察他，这怎么可能呢？据我 7 年的人生经验，他这种情况是完全不合常理的呀。在我仔细琢磨他的时候，别人的谈话和笑声似乎都黯淡成为背景音。我观察他是如何对每个人微笑的，我注意到他会时不时地跟人击掌，手腕上还系着略显破旧的友谊手带。突然间，我从内心认定这种夏令营活动非常适合我。也就是在那一刻，我的夏令营生涯真正开启了。营地辅导员站在大巴车前部，身体后倾，大声说道："这首歌，请大家跟我一起唱！"

250 英里的路程耗时整整四个钟头，但我却觉得这一路过得很快。双脚踩在沙地上的那一刻，我感觉非常自在。自那以后，我就再也没有想过家。

我相信，对很多孩子来说，夏令营活动以及通过夏令营建立起的各种友谊是他们非常喜爱，而且对他们来说非常重要的体验。虽然夏令营活动的形式非常简单，但它对人的影响却十分深远。在夏令营活动中，你可以学习如何与人相处；你可以看到来自新结交朋友的温暖的笑容；你会欢畅地大笑；你会专注于每个当下；你可以自由自在地歌唱；你还会发现很多有乐趣的事，然后尽情与人击掌庆祝！

我呢，想在一开始就告诉你一个关于营地教育的秘密。老实说，我也是通过切身的经历才慢慢得出这个结论的。作为一名培训师，我曾经参与过很多种营地教育活动，比如寄宿营、日间营、特殊需求儿童营、重病儿童营、单性别营、为市中心儿童开设的营地，等等。我做过营地导师、营长、幼教，以及营地咨询师，工作中接触的对象下至婴孩，上至成年人。我发现，无论是什么样的情况，无论对象是谁，有一个事实是不变的……**孩子是孩子，营地是营地。**

当时，我开车沿着 I-26 高速，驶向北卡罗来纳州西部的亨德森维尔县的一个营地。这个营地似乎和其他营地一样：男女营员混合的寄宿营，营期有一周或两周。我曾经在这一带的几个营地工作过，所以并没有期待这次活动会跟往常有什么不同。为此，我用了跟往常一样的时间来为这次营地活动做准备。我和营长发邮件沟通，在网上做调查，打完电话、处理完邮件后，我会花一点点时间思考一下。所以，基本上我对这个营地的了解并不多。关于培训内容我已经做了充分的准备，但我对这个营地的具体情况却知之甚少。其实呢，大多数营地活动都是极其类似的。但这次营地活动与其他营地活动有所不同，它包括上午和下午两场，而两场培训的场地却间隔几英里的路程。我到达第一个营地以后，营长告诉我，我上午和他们一起活动，午饭时间去另一个营地，下午在那里活动。没问题。所以我上午的时候做自己的分内之事，并且凡事按部就班，得到的反馈也与往日没什么不同。工作结束后，营地导师们对我的工作很认可，营长也对我表示了感谢，然后我就出发赶往下午场了。到第二个营地后，我发现除了几处建筑有所不同外，其他都和上午的营地没什么两样。我把车停好就进了餐厅，进去以后，我开始打量看到的每一张面孔，试图找出那里管事的人。是这个长皱纹的人，还是那个看起来很喜欢喝咖啡的人？而我观察到的场景却让我大吃一惊。这里的导师基本都是黑人。(我知道政治正确的措辞是"非裔美国人"，但是通过跟这群年轻人的沟通和对他们的了解，我发现他们更喜欢用"黑人"这个措辞。因此，出于对他们意愿的尊重，我就使用"黑人"一词。)然后我脑海里就蹦出各种问号："**我的培训有用吗？接下来的活动跟以前的一样吗？他们能听懂我在说什么吗？**"我知道这听起来具有浓浓的种族主义色彩，也显得我对他们很有偏见。事实上，在重读文章时，我很难再去回顾当时的感受，也很吃惊自己竟然将这样的想法写在了纸上。但我当时真是这么想的。尽管我坚定地认为营地教育致力于让尽可能多的孩子有机会参与夏令营体验，但是它过往的历史和现状都表明：只有白人、中上阶级家庭的孩子才有条件参加夏令营活动（当然也有极个别的例外）。澄清一下，我认为这种情况并非人们有意为之（至少目前不是如此），而且我相信有很多组织、营地协会和专业人士正在努力让更多的孩子能够参与营地活动。但对营地咨询师和培训师的我来说，在一间典型的营地里面，我的典型听众都是白人。接下来发生的事情，却让我对这段经历感到非常骄傲。我意识到了自身的问题，了解到自己内心存在偏见，然后自我反思。我对自己重复了一遍以前常常告诉别人的话："**孩子是孩子，营地是营地。他们是哪里人，生活怎么样一点也不重要……**"就这样吧。我告诉自己：斯科特，敞开胸怀。营地文化，活动流程，每个人散发的活力，相互间洋溢的热情……条件全都具备，这就是一个营地活动该有的样子啊。而事实也正是如此，那天下午的活动一点也不比上午活动的效果差。对我，这只是我漫长人生中的又一个例子，它证明了与孩子以及其他任何人相处的技巧都是一样的，虽表达方式略有差异，但原则都是一样的：孩子是孩子，营地是营地。

书中以下内容致力于帮助每一位营地辅导员把本职工作做得更好。我也希望本书能为教师、教育者、护理人员、培训师和其他专业人士提供参考。书中一些有益且实用的见解适用于很多种状况和场合。但实际上，这本书主要是教我们如何与人交往。如果你工作和生活的地方不是乌托邦，那么我希望你能从这本书中找到改善自己的处境或者提升人际交往能力的办法。书中也有更深层的指导意义，在学习组织和管理夏令营活动的过程中，社会组织、商业团体、政府部门也可以从中学习如何去创新、重新定义并改换自身的运作模式。从夏令营活动中以及和营地辅导员互动的过程中学到的经验教训、收获的体验感悟，用来提升他们的沟通策略、冲突管理能力、解决问题的能力，锻炼领导和管理能力，提升服务客户和处理客户关系的能力，改善他们的公共关系、创造力、生产力等。这世界上的事我能肯定的不多，如果非要说一件的话，那就是我所需要的一切知识，皆源于**夏令营**。

破译代码

何为营地辅导员？

营地辅导员即是夏令营活动的策划人和组织者。无论是带着孩子上绳索课程，疏通厕所还是做营地午餐，每一个参与营地活动的人，都是营地辅导员。还有一种比较通俗的说法是"**照顾孩子的人**"。营地辅导员，虽然我们通常用这几个字来代指这一群体，但这一叫法并没有从字面上传达出这群人的职责内涵。我们本着传达和实践**组织机构的理念**、**使命和目标**，来策划和组织夏令营活动。我们的目标是：对每一位加入我们的营员（也包括那些听说过营地教育活动，有想法或者意愿想要加入我们的潜在营员）负责。本书着了很多笔墨来写营地辅导员对孩子负有直接责任，字里行间的用意实际上是希望：营地当中的每一位工作人员都能意识到他们的工作行为对营员所产生的影响。这里面蕴含的技巧、提示、见解和诀窍都将有助于营造更好的活动氛围和工作环境。无论您具体负责哪一板块的内容，它们都将有助于让您的每一天过得更加充实，更加高效。

谁是营地人？

我7岁就开始参加夏令营，所以很早就抓住了营地活动的精髓。营地人身上总有一些显而易见的特点。比如说，你的衣服上会有营地的名称，或者有扎染过的痕迹。只要给他们几支记号笔、一个防水胶带、一个水瓶和几条手帕，营地人就可以变出很多花样，做出很多让人意想不到的事。营地人跟人拥抱和微笑的次数都比一般人多得多。营地人会说"**这事我可是真没办法说行啊**"而不是说"**不**"。营地有其独特的文化，并且创造出其特有的社群。营地人都是这一社群的成员，并以其实际行动来践行该社群的文化。

换句话说，营地人知道并了解其他营地人（我们都认为水可以治愈很多疾病）。这种认同感具有深远且广泛的意义。在向他人做自我介绍时，大多营地人都会特别明确地认同某一个特定的营地，他们通常将这个营地称为**我的营地**。这个营便是营地人的动力来源，也是给予他们营地人身份的**地方**。很难解释清楚为什么一群人聚在一起就会让一个地方变得有所不同，但这正是营地体验的一大特点。营地是个很神圣的地方。每个人都对这个地点有很强的情感连接，有时，刚踏进营地感受到那种氛围就会让人禁不住落泪。

营地文化指的是什么？

从广义上来讲，我使用文化这个词只是想说明我们是一个集体。无论在大的范围，如全球范围、宗教范围、政治领域，或者小范围，如与他人同乘电梯等，在这些或大或小的集体中，我们的交谈方式、行为举止、争论推理、触摸试探和人际互动等各方各面都蕴含有特定的文化。

当你与陌生人同乘电梯时，你的肢体动作是怎样的？你的眼睛注视哪里？当你在大街上走路时，你要如何走路才会不撞到他人？当你第一次见到某个人时，你会接触他身体的哪个部位？当你在星巴克排队点单，你前面的人点了名字最长最矫情的那款饮料，你会把白眼翻成什么样？

这些问题和下面的问题一样，都是文化问题：比如说，如果你在牙买加金斯敦的公交车上，谁会帮你拿包？如果你在日本，什么时候你才能告诉老板你对他们的真实看法呢？如果你在阿拉巴马，有人问你要不要喝可乐，你该怎么回答？这些问题并没有那么简单，对不对？你恐怕想不到，在牙买加金斯敦，你应该把背包交给坐在你旁边的人，即使这个人可能是一位百岁老人。在日本，只有在喝醉的时候，你才能告诉老板你对他的真实看法。而在阿拉巴马，别人问你要不要喝可乐的时候，你还可以选择雪碧、胡椒博士或其他的饮料。

重点是，我们随时随地都在与我们接触的人创造文化。有时文化短暂如时尚风潮，有时却持久如古老传统。在我看来，营地文化就如同一种能量，它不能被创造或破坏，但我们能引导、改变并指引这股能量对我们产生的影响。就像其他地方一样，营地文化可以分为多个层次，下至人际关系，中至活动小组和宿舍，上至不同活动和各个活动区域，直到整个营地。

你的文化又是什么呢？你的营地文化又有哪些涵义？你是做什么的呢？你的故事又有怎样的细节？创造营地文化，是这本书的核心内容。每一项技能、想法、技巧或策略都将成为营地文化的一部分。**跟我们分享一下你的故事吧**。

"我并不是营地辅导员或营地人，也不从事任何与青少年发展相关的工作，那么这本书对我又有什么意义呢？"

感谢你能有这样深入的思考，你所花费的时间绝对会带给你**超值的收获**。你在本书中学到的原则和理念可以让你所在的社区发展更蓬勃，让你领导或所在的组织更高效更多产。从本质上说，你可以用营地映射你所从事的行业。大型企业、政府、学校或任何其他行业，因为它们都受益于扎实的沟通技巧、成熟的领导战略和基本的组织技巧。我认为，在营地玩夺旗游戏所需要的技巧与卖保险、管理

> **传说**
>
> 营地 = 企业
>
> 孩子、营员和父母 = 客户、顾客和委托人
>
> 营地辅导员和工作人员 = 职员和工作人员
>
> 营地主管 = 管理层和高管
>
> 印花头巾 = 领带
>
> 果汁饮料 = 咖啡
>
> 烤棉花糖 = 甜甜圈
>
> 成员手册 = 黑莓手机
>
> 篝火 = 会议
>
> "跟我学"歌曲 = 备忘录

国家以及经营面包店所需要的技巧一样——关键在于灵活变通。

问同样的问题,倾听不一样的回答。怎样把夏令营活动的任务与你的经营目标类比联系起来?你的客户和顾客与孩子和父母有什么相同点?你需要采取哪些明示或暗示的方法,像对待营地辅导员一样对待你的员工呢?你或者你的管理团队成员从营地主管那里能学到哪些管理技巧呢?最重要的是学习这些原则及其在实际中的应用,了解营地活动是如何让人产生激情和热情,怎样培养营员的忠诚和看问题的独特视角,并使营员们能全身心地投入到任务中。

站在孩子的角度去理解孩子

我希望自己能早点读到这方面的书。孩子和成年人一样复杂,所以不要把所有的孩子都视为一个整体进行理解,每个孩子都有其自身的特点。和对待成年人一样,学习与他们的相处之道,了解他们的复杂性可以让我们与他们的相处更容易。本书致力于帮助您成为一名更好的营地导师,为孩子们提供愉快的营地体验。书中所列的每一项技巧、理念、见解、提示或其他建议都意在告诉你一个最简单最基本的原则:站在**孩子的角度去理解孩子**。无论在情感方面、智力方面、生理方面抑或其他方面,我们都应该站在孩子的角度去理解他们。孩子并非只是"小

大人"，他们需要我们的帮助，帮助他们成为大人。你可以只用自己的意志力让他们变成大人，正如大多数成年人所做的那样，但是我觉得这种方式毫无作用。我们每个人身边都不乏成年人、导师、教练、兄弟姐妹、父母，以及那个真正启发我们、触动我们的灵魂，让我们成长为现在的自己的那个特殊的人。我坚信，那个人一定有一种不可思议的魔力可以"**触动**"你，他能与你做真正心灵上的沟通，他能理解你，温柔地鼓励并帮助你成长。他能做到这一点，是因为他在情感、智力以及生理方面与你共通。通过读这本书，不断挑战自己，评估自己与不同水平的孩子建立联系的能力，学习成为"赤卡卡"。

成为非洲王子赤卡卡之路

在攻读本科学位期间，我在威斯康星州麦迪逊做了几年学前老师。当时只有几个男老师，所以学校内有个特别讨厌的习惯，让我到不同的镇子补课或者接管班级。我曾在麦迪逊南部待了将近一整个学年。如果说麦迪逊有个恶人镇，那就是它的南部了。有趣的是，你必须穿过铁轨才能到达南部，所以那里是**另一番光景**也就不足为奇了。我班里的孩子几乎都住在附近，大多数是非裔美国人。一天下午5点前，我在操场上陪着最后两个还没有被接走的孩子。我们当时在攀爬架玩，有一个孩子想带我们一起玩**国王游戏**。他们两个人都5岁，这种互动性的假扮游戏就是我每一天工作的日常。在讨论了一会儿之后，他们两个都决定要我做国王。

"你就是非洲王子，赤卡卡了！"马库斯对我说。

"不错，赤卡卡都做什么呢？"我问道。

"你帮助我们国家的所有黑人做工作吧。"他说话很自然，毫无古怪或讽刺味道。

继续讲这个故事之前，我必须先声明一下。我自称为 Hapa，在传统夏威夷语中指"**部分**"或"**半个**"夏威夷人或亚洲人。所以，在审视我的性格时，你也许会发现一些蛛丝马迹，但总体来讲，我的样貌还是白人的样子。现在继续刚才的故事。

"呃，好的。不过，马库斯，玩之前我先问你一个问题。**在实际生活中，你觉得我是白人还是黑人呢？**"我问的时候，内心有些不确定。

"你当然是黑人了！"他说的时候几乎要咯咯笑出来了。

"嗯，乔呢？"我又问他对另外一位白人老师的看法。

"你疯了么？他当然是黑人啊！"马库斯听起来好像被我问的荒诞的问题给惹怒了。

"那么，都有谁是白人呢？"对此我非常疑惑。

"嗯，**警察都是白人，我哥哥的一些老师也是白人，那些住在市中心的人也都是白人**。"他用一种事实就是如此的语调讲着，以至于我都有些信以为真了。

你看，在马库斯眼中，黑种人和白种人并不是肤色问题，而是熟悉度问题。乔、我自己和几个白人老师与他的学校、他生活的地方和他的家庭密切相关。依照他自己的理解方式和他听到的观点，黑人显然都是附近的人，而白人则是"**另外一拨人**。"这是我与孩子相处的过程中，深受启发的时刻之一。类似这样的时刻总是能让我非常清楚透彻地明白，孩子们看待事情的观点和我在与他们相处的过程中所扮演的角色有关。作为老师，我想让孩子们安安静静地坐着；作为营地辅导员，我想让孩子们听从指示；作为叔叔，我想让孩子们能够与他人分享自己的橡皮泥，还有我以不同的身份想让孩子们办到的其他的事。但是，我逐渐地认识到，以上事情我都很难办到。我不能强迫孩子们按照我的想法去思考和做事，也无法使他们屈从于我的力量。对马库斯而言，我想要成为他的好老师，就必须要花时间了解他，倾听他的想法，帮助他去深入思考，站**在他的角度去理解他**。我们都有过自我认知崩溃的时刻（我依然记得，知道布法罗比尔队不是科罗拉多的球队时，我整个人是崩溃的）。在很多时候，当孩子们犯错误的时候帮助他们纠正过来是完全没有问题的。但我要讨论的原则并非关于一个具体事例的正确与否，而是说我们要努力学习了解孩子们看事物的观点。你也可以成为非洲王子的！

要点总结

孩子是孩子，营地是营地。

营地教育发生在每时每刻。我们都是营地辅导员。

站在孩子们的角度去理解孩子。

努力了解他们的观点，尊重他们所思、所感和所说。

世界上最酷的人

"我用速棒香体止汗膏。有人能猜猜为什么吗?"这是我在营地培训期间或者开讨论会时经常问的问题之一。很多时候,大家听后只觉得好玩便随便猜猜。

它好闻。
它很便宜。
你喜欢他家广告。
它可以遮住你身上的异味。
随处都能买到。
是 NBA(美国职业篮球联赛)的官方赞助商。(鉴于我身高只有一米六,这么说就太有意思了。我可不矮,是其他人太高了!加油!活塞队!)

理想营地辅导员绘图
(2005 年夏,AGQ 营地员工绘制)

当然还有很多其他的说法。甚至有人猜测,因为我说话太快,而且一直走来走去,我需要一款能跟上我节奏的止汗膏。而真正的原因是,1984 年在 AGQ 营地第 2 期的第 10 宿舍中,我的辅导员是安迪·霍尔科姆,他喜欢用速棒香体止汗膏,一直以来,我都希望自己能成为像安迪那样的人(此处所述,均为事实,没有一处因要保护相关者的隐私而做任何的虚构。如果你认识安迪,请告诉他,我可不是跟踪狂哦)。在我心目中,安迪·霍尔科姆、迈克·博格斯多夫、乔什·曼塞尔、斯科特·希区柯克和其他几位营地辅导员是世界上最酷的人。除了模仿他们走路、说话、穿衣、玩音乐以外,我还记得他们教会我的许多事情,他们告诉我我是一个怎样的人,营地辅导员属于一种很特殊的人群。在大多数孩子们的心目中,他们与其他成年人不同,因为他们很酷。

酷的定义

"酷"是一个很难捉摸的概念。孩提时期和青少年时期,我们花了很多精力想让自己变得酷一点,但大多数时间我们都觉得自己不够酷。当我们长大成人,摆脱了对"**变酷**"的执念,取而代之的是我们想成功,想要有影响力,想成为名人或精英,凡此种种,并将这些定义为成年人应当追求的酷。因为这种观念的改变,很多成年人似乎已经忘了**酷**原本的含义。我们认为那种酷太幼稚。高中时的自助餐厅,是最能让想要装酷的我们露出马脚的场所,那时候所遭受的情感创伤在成年后被我们埋藏在内心深处。因为,成年后的我们认为没有必要在自己看起来酷不酷这件事上浪费精力。不幸的是,这种解释并没有真正地说服我们自己的内心。虽然在理智上我们对自己辩解,想变酷是一种需要归属感和他人认可的表现,但这并不能阻挡我们在情感本能上对酷的认同。事实上,有些人认为成年人精神崩溃的风险更高,因为他们的情感宣泄方式通常更受限。

斯科特的姓名标签

酷的感觉和归属感源自于日常的每一件小事。比如,你叫得出你带的营员们的名字,你可以对活动日程和路线安排张口就来。就拿我的名牌做个例子吧。5年来,无论我是去参加营地活动还是去参加会议,我始终都戴着这个名牌。这个特殊的名牌是一小片木头。准确地说,这是一个用木头做的切片,在其一侧打了两个小孔。这个名牌是我第一次去北卡罗来纳州布里瓦德的卡罗莱纳夏令营做培训师时得到的。那天我像往常一样动身去餐厅。我到的时候,餐厅已经坐满了一半人,周围是熟悉的味道和夏令营活动所特有的喧闹声。在餐厅里,我向六七个人微笑致意,随即我找到了那张友善的面孔,他对我说**"啊,原来你在这啊!"**

就是这句话让我从 **"餐厅里的怪人"** 变成 **"重要的演讲者"**。他向我做了自我介绍,我们都以半开玩笑的方式把名字和脸对上号。然后他指着餐厅的另一头说,那就是我们做早课的地方,然后帮我把背包放在桌子上。很快,他就离开了,嘴里念叨着一天的日程安排,还说不知道工作人员有没有预定独木舟。当时的我,就是刚进到一个新营地的样子,要么摆弄会儿笔记本,要么就吹个沙滩球,纯粹是因为感到尴尬,想给自己争取些时间,稳稳自己的神态,当然也希望有人能注意到我。

突然有一位辅导员跳到我面前对我说,"嗨,斯科特,JJ 告诉我你就是斯科特,你是今天的演讲人。**我给你做了一个名牌!**"说着她就把名牌绳套过我的头,让名牌挂在我胸前。

"不错!这样看起来好多了!"她大声说道,然后就忙着做下一件事去了。

我之所以留着这个名牌,并且在参加大多数活动时都戴着它,是因为在这位辅导员把名牌套在我头上的那一刻,我觉得很舒服,那一刻我觉得自己的肩膀和胸腔很放松。我深吸了一口气,慢慢走向喧闹的餐厅另一端,等我走近他们的那一刻,我整个人非常专注,注意力高度集中。我感受到了归属感,我觉得自己很酷。

榜样

营地辅导员很酷,而且他们通常是跟孩子们在一起,因此,对辅导员来说,一件很重要的事是要成为孩子们的榜样。那么,什么样的人才能算得上是榜样呢?对于一些书籍、电影和流行文化传达给我们的榜样的概念,我一直都不太满意。因为,如果按照它们的说法,我可能会是介于痞子阿姆和霍尔顿·考尔菲德(《麦田里的守望者》主人公)之间的某个虽有理想抱负但也会随身携带枪支,性格略微极端的家伙。这样的话,跟我生活在一起,我太太得有两个心理学博士学位才能不被我逼疯吧。另外,对字典给出的释义我也是无法接受,就拿韦氏字典来说吧,你要想看懂它对模范这个词的定义,你还要查询很多其他的词才能看懂它给的释义。这样的做法,实在是不怎么高明啊。因此,我用一些常用的词对模范这个词做了一个大家都能看懂的阐释,而且,这个词蕴含的深刻含义也在这个阐释里有所体现:

榜样指的是这样一类人：他们所说的话和做出的决定跟人们美好的理想、积极的价值观和原则信仰相一致。我们主观上或者潜意识里想要模仿他们，因为我们内心希望和他们有所连结或成为像他们一样的人。

换言之：
榜样即是我们想模仿其言行的人。

可能是因为他们很酷、非常受欢迎、特别有经验、名气很大、为人聪明、很有学问，等等。不管是身为别人的榜样还是把别人作为自己的榜样，我们都要明白一个事实：我们**每个人**都有榜样，也都需要榜样。我们了解他人的唯一方式就是观察其言行。如果我们不观察其言行就判定一个人如何如何，那么，这个人纯粹只是我们大脑臆想的一个泡影。而身为营地辅导员（也可以是其他的角色），你之所以会被人们当成模仿对象，是因为你在你工作圈子里的地位和你平易近人的作风。无论你的角色是营地辅导员、电影明星、嘻哈艺术家、家长、作家、门卫还是企业主管，正是这些职务标签给了你相应的身份地位，人们受到你的影响把你推选为他们的榜样。你是不是每晚都坐下来跟每一个孩子讨论他们的作业和他们一天的生活？你是不是每次午饭的时候都在孩子们中间放声歌唱？你是否总是跟在他们身后，任劳任怨地为他们打理好一切？只要他们有机会接触你、了解你，**你就有可能会成为他们的榜样。**

我们可以选择很多人作为我们的榜样，但首先我们要弄明白一个问题，我们为什么需要榜样？我想先说一下我认为的最有可能的原因，我想是因为我们的大脑喜欢掌控感。听起来有点奇怪，对不对？是的，你也可以说榜样可以帮助你为自己做角色定位，或者说他人的努力使你受到感染，再或者说你想取得一些成就，等等，这些都可以是我们需要榜样的理由，但我认为以上所有的理由都可以归结为控制。在《哈佛幸福课》一书中，作家兼心理学家丹尼尔·吉尔伯特解释了他提出的我们的大脑习惯于"**做预测**"的理论。他说正是我们大脑的这种运作将我们与其他动物区别开来。这一点我们是可以理解的。更确切地说，我们的大脑的前部（这种不专业的叫法可以解释为什么我只能成为一名营地教育工作者，而没能成为医生。）会根据我们目前的经历和我们以往的经历，不断地对我们的未来做出预测。他使用的例子是一个非常简单的语义例子。他在一个句子中把一个非核心意义的词替换成另一个单词，但句子的整体意思并没有发生改变。你明白了吧！当你在阅读的时候，你所关注的并不只是每一个单词的意思，你的大脑会通过想象预设接下来单词的意思，而你对这些词义的期待并不会因为某个词被替换掉而有所改变。吉尔伯特认为我们不仅仅这样阅读，也会这样处理生活中的很多事情。因此，我们渴望、需要、拥有榜样的原因是因为我们想要"预测"将来我们会成为什么样的人。在这本书中，我会讨论一下掌控感的概念。我们都想要掌控感，我们的大脑也需要掌控感，总的来说，不管对方是孩子还是成年人，与他们相处的成功之道就是在某种程度上能给予他们实际可感知的掌控感。这些事情都是相通的，因为我相信，我们无法掌控他人。

"这是什么意思呢？"一位营员指着我姓名牌上写的"营长"问我。
"呃，意思是我是管事的。"我回答说。
"就是说你管着大家咯？"他问到，笑得很叛逆。
"是吧，算是吧……"我迟疑地说。
"那么，既然你管所有人，我只想管自己。你让我自己管自己吧。怎么样？"
"非常好！"

因此，营地辅导员在营地中的地位非常特殊，他们极易被营员们当成自己的榜样。不只是因为你是地球上最酷的人（角色上），也是因为在营地中你的一言一行大家都可以看到（在亲密度上）。你说的每句话都逃不过他们的耳朵，你做的每件事都在他们的眼皮底下，你的言行将成为他们私下里的谈资，而这些也将直接影响他们对你的看法。**因此，如果你想成为最好的榜样，那么最好的办法就是记住你说过的每一句话和你做过的每一件事**。本书的其余部分讨论与孩子们相处的技巧、想法，并有与孩子们相处的贴士和小窍门。这样做的话你就会成为能够正确引导孩子们的榜样。

我在寻找什么？

做营地辅导员并不仅仅是玩游戏而已。这比你看护小孩或者教课所产生的联系更紧密。但这又和做他们的哥哥姐姐或者父母不同，甚至和做导师，做教练或者做他们心目中的英雄还不一样。营地辅导员拥有一项大多数成年人不具有的优势：时间。我们有时间在一起，我们愿意花时间相处。我们甚至可以创造时间（哇，很神奇）。在营长们告诉我要对工作精益求精时，我明白了这个道理。我有这样的经历：即使鞋子里面有小石子也不肯停下来倒出石子；连续几个小时都不去厕所，因为**"我在忙着"**。我知道在营地里你会忙成什么样子。但我也知道，对于那些需要我们的孩子，我们总能挤出5分钟的时间和他们聊聊。这就是营地辅导员需要做的。大人们一直忙忙碌碌，看不到孩子们需要什么，也不知道究竟什么最重要。我一直都无法解开这个困境，直到有一天加里·福斯特（Gary Forester）[①]带领我们看清这种苦楚，我们是人类，而非工作机器。很多大人觉得**工作**更重要，但**"工作"**不过是填补**"人类"**生存间歇的空白罢了。

因此，作为营地辅导员，我们对待时间的最好的方式就是利用时间来真正了解我们想要从孩子身上看到哪些行为举止。事实上，很多成年人只看到他们想要看到的或者他们选择看到的，他们只看到不好的方面。我相信很多大人都经历过选择性关注负面信息的困扰。容我解释一下。我并不赞同一些青少年发展学家提出的**"捕捉孩子们听话的瞬间"**这一观点。因为这一观点使人感觉孩子们不能做出正确的行为，或者说孩子们大多数时间都行为不佳，而我们则需要关注他们少数的表现良好的瞬间。但我认为恰恰相反，孩子们大多数时间做的事情都是正确的，只是我们没看到罢了。我同意当孩子们做正确的事情或者表现良好时，我们给予肯定，因为这有助于他们理解他们应该做什么以及如何获得积极的关注。很多大人往往只看到孩子们表现不好的一面，这是因为他们患有选择性消极注视症。这种情况虽没有收录在DSM IV（精神障碍的诊断和统计手册）中，但它仍然是一种令人恐惧的疾病。许多人称之为悲观主义，但问题比这严重多了。患有选择性消极注视症的人不仅倾向于关注消极的事物（常规的悲观主义），而且他们会下意识地去屏蔽一切与他们的悲观思想相矛盾的东西。很多护理人员、幼儿工作者、父母、教师和其他青年发展相关从业人员就深受这种疾病的困扰，导致他们看不到孩子实际做出的选择和行为。就好像我们对孩子们所有的选择或者行为视而不见，直到一个孩子打了另一个孩子，我们就突然睁开了眼睛，然后开始采取

[①] 加里·福斯特：美国基督教青年汇营地顾问兼专家。

行动。观察到孩子们正确行为的益处太多，难以一一列举。观察到孩子们的正确行为就可以及时夸奖他们，你能够真正学会密切地关注孩子，领会行为管理的方法，当你想和孩子谈心时他们不会怕你，孩子们知道不能那么轻易地蒙混过关，因为你在关注着他们。

睁大双眼，寻找你希望孩子拥有的品质，你会找到的，而且你会发现他们具备的这些品质超乎你的想象。

如果你也跟我一样，那么现在的问题在于"**怎么做**？"

有一个小窍门是 **3P**。即夸奖（Praise），练习（Practice），展示（Present）。我不想把这个窍门只在书中笼统地提出来，因为它们会诱导你去从孩子们身上寻找特定的品质或行为。相反，这些窍门会帮助你去理解这样一个问题："**我在寻找什么呢？**"整个过程如同使用地图探索。你是否曾经看着地图，却不知自己该往何方？也不知道自己身在何处？而当你知道自己身在何处，要往何处去时，是否知道怎样前往？大多数人往往是第三种情况，那就是不知道自己身在何处，不知道想要去往何方，看到地图不仅会觉得地图无用，反而会有挫败感。所以，我们先解决简单的问题吧。

你身在何处呢？大多数人都不想问自己这个问题，因为觉得很蠢。你可能会回答，就在这里，在营地，和孩子们在一起啊，等等。但是，这些都只是你在哪里或者你从哪里出发这些问题的表象而已。有一次，我妻子在牙买加时被一位塔法里教的信徒误以为是记者。仅仅是因为她为自己的旅途专门列了个清单！哇哦！我说的就是这个意思。你和孩子在一起的体验，特别是和孩子在营地的体验，都可以将其视作为一次旅途。如果你旅行前不列个清单，这跟你漫无目的地去看地图是一样的。所以，请列个清单给自己**定个位**。

- 本次营地活动是什么类型？
- 营地或组织的使命、理念和目标是什么？
- 营员一般多大？你组里的营员年龄多大？
- 是女孩营，男孩营还是混合营？
- 营地的人口特征是什么？
- 各个团体的大小如何？
- 辅导员与营员的比例是多少？

- 你对这样类型的活动有多少经验？你身边的营员以前有过相关经验吗？

有许许多多这样的问题，容易得到答案，也能够让你的营地之旅顺利开展。真正去思考的话会发现，这些问题就像我清楚地知道我现在在俄勒冈州尤金市的24大道的一个温室里，面前有一张桌子，旁边有一条黄毛狗这样的问题一样简单。

在这种境况下，"你身在何处"和"你感觉如何"这两个问题是比较相通的。

- 我准备好倾听了吗？
- 我对他们的说话内容感兴趣吗？
- 我能接收到孩子流露出的焦虑的信号吗？
- 我是否具有纠错能力？
- 我能否记住所有人的名字？

盘点一下，标记旅程的开始吧。现在，你要往何处去呢？

像精彩的故事那样，旅程也有起点（你的位置），发展（到达目的地）以及结局（但关键不在于结局）。是的，不管是营地活动还是精彩的故事，都会有个结局，这些结局都会实现其既定的目标，甚至会帮助孩子们成长，但体验的意义不在于其最终达成了什么，真正有意义的是做这些事的过程而非达到的结果。知道在营地工作时，与孩子相处时**你想达到什么效果**，就是在回答这个问题："**我在寻找什么？**"在活动中，如果你认真观察营员和他们的行为，对这个问题你就会有很多灵感。当然，你也可以求助，通过其他方式获得灵感或指导。营地的使命宣言，营长的人生哲学，你的个人感受和经历等都是很好的例子。在所有的答案中有一点一定要区别开："**我在寻找什么？**"很多时候，我们成年人都疏于培养自己的活动技能。这正是我们在营地要教给你们的事，这些是我们日常训练项目的基本点。射箭时，要保持背肘向上；投篮时，要将你的肩膀对准篮筐等，这样的事情我们每天都会教。但这些不过是简单的事情。更加复杂的技巧，是生活技巧或社交技巧。

倾听，坚持，责任，清晰的自我表达，同理心，同情心，勇气，好奇心，批判性思维，良好的判断力，热爱学习/发现，情商，勤奋，毅力，正直，诚实，慷慨，独立，团队合作，忠诚，领导，自我控制，

自尊，谨慎，谦虚，希望，乐观，目的感，能力和尊重。

如果你看到这些品质你能立刻识别出它们吗？ 作为成年人，你肯定比你带领的营员们更加了解这些品质，因为你比他们有更多的生活经验，你的这些生活经验可以帮助你判断它们是否是以上提到的那些品质。但如果你对以上的品行视而不见，唯一的原因应该是你还不习惯发现这些品行。我希望你可以将发现这些品行作为你的一个目标。虽然你可能从未达到过这一目标，但如果你知道自己身在何处，将往何方，在探索什么，那么你更有可能去实现这个目标。

使用 3P 理论就像使用地图查询或者 GPS。这些都是供你使用的工具。但是，和地图查询或 GPS 一样，这些工具并不完美，因此，在你追逐目标的过程中，你需要发挥创意，重新思考目的地，甚至偶尔需要赌一把。

第一个 P 指的是**夸奖（Praise）**。我们常常夸奖孩子。夸奖他们的时候，我们会说很多话，做一些动作。我们可能会说："太棒了！你做得棒极了！干得不错！好样的！简直独树一帜！"除了这些夸奖的话，我们可能还会做一些动作：击个掌、拍拍后背、竖大拇指、撞一下、碰拳头、拥抱，等等。这几乎囊括了人们（包括孩子在内）99% 的夸奖体验。但是，我们其实错过了许许多多这样夸奖人的机会。特别是夸奖孩子的时候，我们都没有明确地告诉孩子我们喜欢什么，希望他们怎么做（即我们的期望值是什么）。当成年人表意不清或者泛泛而谈（不够深入）时，我们都会假设孩子们能听懂，能了解我们笼统的语言中具体的内容。我不明白为什么我们这么做，但是我们一直都是这样行事的。

你还记得查理·布朗的老师是怎么说话的吗？我们中大多数人会这么模仿："哇哇啊哇哇啊哇啊哇哇哇哇。"其实，很多时候孩子们觉得大人就是这么说话的。他们已经习惯于听大人们说那些他们不理解或者没什么意义的话（因为有时候大人们做的事和他们说的话不一样），孩子们已经慢慢适应了成年人的某些听力缺陷疾病。其中有一个比较典型的例子是，当大人们说**"我在听呢"**。大多数时间，他们只是用这个句子来掩饰自己并没有在听的事实，却希望孩子觉得他们是在认真听。随便问个孩子，如果大人说**"我在听呢"**或者**"我在看呢"**这样的句子，**他会如何行动**。他会告诉你，大多数时候，几乎毫无例外地，大人们会在说完这句话之后就转身忙其他的事或将注意力转到其他方面了。我不想羞辱老师或者任何照顾孩子的人，我对所有教导孩子的人都怀有深深的敬意。但他们和大多数人一样，陷入了一个误区。我们希望孩子按照我们**说的做**，但我们自己的行为却和我们说过的话相矛盾。当孩子们模仿我们的行为时，我们就会变沮丧。我想，如果大人这么和孩子说会怎样："**我要去走廊里和某某女士谈一会儿，我在走廊的时候无法看着你，所以请你自己阅读下一段并完成练习册。**"我不确定之后会怎样，但是至少孩子知道发生了什么，大人会做他刚刚说过的事。

这些和夸奖孩子又有什么关系呢？当大人说"**哇，太棒了！真厉害！**"然后和孩子击掌，这个孩子可能知道他做的哪件事让大人感到满意，也有可能他一点都不清楚自己做对了什么事情。为什么要表达得这么不清不楚呢？为什么不让孩子知道，具体哪一件事是能让我们夸奖的好事呢？如果我们言辞确切，可能孩子们会继续做；我们夸奖孩子，希望孩子们能继续做好事。但是当我们在夸奖孩子时，我们常常忽略夸赞的基本要点：**准确性**。你需要用精确的描述性的语言，用可以验证的方式，告诉孩子们他们做了什么，怎么做的，和谁一起做的，为什么说他们做成功了，他们在哪里，什么时间，用什么方式做的，等等。

"**嘿，你做的太棒了！你反复尝试，真的是太精彩了！尽管你没有做到，可是你至少试了五次呢。**"我用一种很有激情的语气说。

"随便啦。"营员说话的时候满怀沮丧，情绪低落。

"你知道攀岩的意义是什么吗？我是说，攀岩的意义就在于你刚刚攀爬过的每一步啊！"我又加了一句。

"呃，攀岩是犯蠢吧？"他的回复很犀利。

"**不，攀岩磨练人的毅力。多难都不放弃。重点不在于攀到顶峰，而在于鼓励自己，坚持下去。朋友，你可是我见过的在攀岩中最有恒心最能坚持的。**"我说的时候面带微笑，和他碰拳。

"真的吗？如果是这样的话，那还挺酷的。"

第二个 P 指的是**练习**（**Practice**）。正如前文所说，我们平时不关注这些，也不习惯这样做，因此我们需要多多练习。为什么呢？因为，熟能……是的，你懂的，熟能生巧！我说的练习实际上是指让我们的孩子自己做出正确的决定，并且，我们要通过我们的活动，给孩子们更多的

攀岩（示意图）

机会，来让他们实践和练习更具有挑战性的技能。换言之，射箭并不只是拉弓射箭的动作，足球也不仅是传球得分。我们教孩子们航海或做手工，或玩捉人游戏时，**我们也在练习"看到"孩子们做出的正确选择，给予孩子们学习并做出新选择的机会。**

有一个很好的例子就是躲避球。用躲避球的例子解释当今世界孩子和成年人相处方式，是基于以下原因：如果我们要详细探讨躲避球如何能反映当前年轻人发展的现状，这有些超出本书的讨论范围（是的，我说的仍是躲避球），但我这里只用躲避球做例子，阐述一下事情发生了怎样的变化、成年人和孩子如何能练习生活技巧。

可以说，躲避球蕴含了一条普遍真理。如果你击中别人的头部，你自己就出局了。我不清楚具体是截止到哪一年，但是有一代人认为这就是躲球游戏的规则。考虑到**"击中头部"**规则，很多营地和相当一部分学校课后活动禁止玩躲避球。现在仍允许玩躲避球的场所，采用了超软的新型防撞球，来保证孩子的安全。此外，国家公共电台报道，有学校禁止学生在休息或运动时玩夺旗游戏。他们认为这一游戏太过危险，因为游戏充斥着**"追逐打闹"**。这一点就足以解释，为什么我们的生活会因为一桩桩小事而变得越来越不好了。不过我们还是回到我们的主题。

无论我去营地，参加会议，还是出席一些教育活动，我都会问观众同样的问题：**"如果小孩在玩躲避球时打到了别人的脑袋，你会对他说什么？你会让他对被打的小孩说什么？"** 当然，几乎每次都会听到一致回答："对不起。"然后，我会问为什么。为什么在这种情况下，我们会要求孩子们道歉呢？因为我们知道不可以打人的头部，我们不想伤到他人。如果你在游戏中（有意或无意）破坏了规则，你必须要道歉，等等。作为成年人，我们都知道在这种情境下，道歉是良好的社交礼仪。你是对的，但是你正确的原因在于你受到的教育告诉你要这么做。但这不是显而易见的真理，而是你后天习得的是非判断。所以，我们从孩子的角度看一下吧。这个孩子仅仅 12 岁，他被要求道歉，还被告知出局。我们从他的角度分析一下：当你玩躲避球的时候，你就应该击中别人。你捡起球，在界限边跳来跳去，然后用尽自己全身的力气冲着界限对面的**"朋友"**投球。事实上，这个游戏的核心（记住，这个游戏叫躲避球）就是用球击中别人。这个 12 岁的小男孩就是这么做的，他尽全力投球（完全遵守规则），另一个小孩子看到球冲着自己飞过来后，像大多数人一样，他想办法躲避，尽管这一行为可能会让他伤得更重。然后，发生了什么呢？球击中了他头部的太阳穴附近。离他最近的大人转过身，对投球手说出了这句大人们都会说的蠢话：**"你出局了，快点道歉！"** 啊？好吧，显然，投球手是要出局了。即使一个非常争强好胜的孩子也理解这一规则，如果自己击中别人头部，自己需要**出局这一后果**。但是他们不理解的是**道歉**部分。投球手不应该道歉！这游戏就是这么玩的，如果他再玩这个游戏，还是会这么做。相对于**"对不起"**，那些真正在练习并努力给孩子们创造成长机会的大人会告诉孩子：**"你离开前去看看他还好吗。"** 让我们分析一下这种做法。首先，你为孩子们创造机会，让他们学习同情，关心他人和遵守规则（等等）。因为你在聆听，批判性地思考现有的言行，并作出回应，这就是练习。其次，这说明你在积极地**看到**好的方面。这个方法有效的原因在于，你站在了孩子们的角度去看问题。从他们的角度看问题，不仅仅是蹲下身直视他们的眼睛。最后，站在孩子的角度看问题是一门艺术，这要求你在各个方面去理解并接纳孩子，比如生理、心理、感情、社交等方面。世界上最酷的人会走近孩子，而非把孩子推远。

　　将这一点应用到你自己的营地并不难，因地制宜即可。可以这样想：每个活动、项目，甚至互动都可以成为练习的机会。你所有的练习的意义都可以通过问自己下面这个问题而找到答案，这一点，我们在本章的开始就提到过：**"我在寻找什么？"** 当你打篮球的时候，你在寻找团队合作；射箭时你在寻找耐心；高空绳索时你在寻找动力……诸如此类，不胜枚举。在练习前只需要问自己这个问题，你就能找到练习的意义，然后你就可以开始练习了。

　　第三个 **P** 指的是**呈现**（**Present**）。我喜欢这个词，它有多个发音，有好几种意思（呈现、当前的、礼物、展示），而且很实用。**呈现**这个词背后的涵义是，作为成年人，我们看到或听到的行为不符合我们的期待时，我们会教导或者干预孩子。当孩子行为粗鲁时，比如给人起绰号，排挤他人，拉帮结派等，我们会干预他们，告诉他们为什么不能那么做，然后找出一些办法，防止以后再发生这样的事。我们**呈现**这个问题，就像我们刻意把这个问题暴露出来，或者把这个问题放大。我们**处在当前**，这样我们可以从情感和社交两个维度认识孩子们的现状。我们给予孩子**礼物**，因为我们试图给他们一些东西或传递一些东西，但我们做这些都是考虑到对他们的成长发展有益，而并非是为了我们自己的利益。使这个概念有用的技巧在于，要确信所有的行为和语言都是成对出现的，有错的做法就应当有正确的示范。如果孩子们言行有不合适的地方，那么我们一定要做出正确的言行示范。我们的工作不应该仅仅制止他们做不正确的事，我们还应该多花点时间跟孩子们探讨什么是对的事情，以及为什么这些事是对的。这就是**呈现**。

最后，成为世界上最酷的人也和观念有关。承担作为榜样的责任，教授生活技能，甚至只是帮助孩子们变得更酷，都意味着你理解自己作为营地辅导员的工作是什么。正如我说过的，我说的是营地的每个人。为了营地，我们分工不同，但每个人都应该对每个孩子负起应有的责任。

营地锦囊

记住**做一个很酷的人**并不是一件幼稚的事

我们都需要**榜样**——你自己就是一个好榜样

如果你不主动寻找孩子们做出的好的选择和行为，那你永远都不会发现这些。（**我在寻找什么？**）

你要知道你在寻找的东西：**夸奖，练习，呈现**。

每个人都应该知道你去哪里了？

升任高级辅导员的那个夏天，我们营地里有个孩子，名叫摩西。如果说我在营地里有理想型的孩子，那这个孩子就是摩西。他特别喜欢跑来跑去，喜欢玩耍，喜欢唱歌，也喜欢跳舞。他喜欢跑去参加各个活动，和各个辅导员交流，快速融入各个场合。他一会儿玩夺旗游戏，沿着旗帜奔跑；一会儿又在泉水旁边的沼泽坑边嬉戏，全身沾满了泥。他可谓是彻头彻尾的营地人。虽然他是一个**完美的**营地人，但是他也做了一箩筐的错事。实际上，他知道怎么逃避惩罚，成为大家的心头好。他很可爱，虽然只有六岁，但他知道怎么利用可爱这一资本。上一分钟，他可能赖在某个女辅导员的怀里；下一分钟，他可能在活动中，半路溜进餐厅按响就餐铃。就连丢鞋子也丢得近乎神奇，我不知道他究竟是不喜欢鞋子还是不需要鞋子，但是他几乎一夏天能丢四五双鞋。

有次他凭借自己对营地活动丰富的经验，打算在我们的滨水区大搞破坏。有天晚上，他偷偷溜出小屋。等所有的营员和辅导员睡着后，他自己去完成计划。一路走到湖边，他把我们全部小船都解开放到湖里了。营地位于密歇根州北部最大的内陆湖边，这意味着我们需要好几天的时间才能找回小船。最远的一只小船大概沿着半岛区漂了9英里（约14.5千米）。但是他风趣幽默，举止可爱，讨人喜欢，而且非常有爱心。尽管他常常带来各种麻烦，他仍然是一个很棒的营员。

像每位营员，或者所有参加营地活动的人一样，摩西带着自己的全套行李。我这里指的并不是他的行李箱或睡袋。他和别人一样，带的东西不多不少，正好是比较常规的行李类型。在参营的这些年里，他经历过直系亲属的去世，做过违反营地行为规范的事，也直面过生活中的诸多打击。他在参加营地活动的时候，也和大多数人那样，带着这些生活的烙印。

作为他的宿舍辅导员，我是幸运的，又是不幸的。一方面，他是一个很棒的营员，我们在一起相处得很愉快，直到今天，我们仍有很多共同点，是好朋友。另一方面，我需要不停地处理他的不良行为、恶作剧，以及这些行为在木屋和营地里产生的不良影响。

尽管如此,摩西仍然深得大家喜爱。那些女辅导员甚至会用肩膀扛着他或者抱他坐自己的大腿上玩。男性辅导员也喜欢和他聊天,不仅仅是因为他幽默诙谐,是营地的活宝,我怀疑还因为他们希望通过他得到女性辅导员的喜爱(就像奶狗攻略一样,你养一只小奶狗,女孩子就会来找你聊天了)。但是,他是大家的最爱这件事有时却快要把他的辅导员——也就是我,给逼疯了。他知道,只要他注意身边有谁、谁在关注他,就能够轻易逃脱惩罚,随心所欲。

不幸的是,当辅导员对营员的偏爱行为违反了营地规则,比如单独与某个营员相处时间过长,或者吃饭时坐得比较近,或活动时经常与其聊天等小事,这些事情有时候会让其他辅导员感到为难。比如在你们需要做一个比较困难的决定或处理一件比较严肃的事情的时候。我们都曾在员工培训的时候听营长和其他人讨论过为什么**"我们没有偏爱的孩子"这个话题**,也知道偏爱的害处。偏爱不仅仅会让其他辅导员在处理工作问题时变得为难,也会伤害其他营员的感情。我用通俗语言翻译一下**"我们不偏爱任何孩子"**这句话吧。这句话的意思是**"我们不会表现出偏爱!"**我们肯定会有"**偏爱**",这是人的天性使然。在任何一个集体或者宿舍,肯定会有和你一拍即合,脾气相投的营员,也肯定会有**"那些另一派"**的营员。就像每个地方都有格格不入或难以融入集体的人,你也一定会遇到和你屡屡摩擦,让你火冒三丈的营员。

我过去最不喜欢两种营员:喜欢问问题的和喜欢撒谎的。

正如名字所示,喜欢问问题的会问很多很多问题。他比较擅长问一些比较夸张且通常又显然的问题作为社交的润滑剂。他可能会这样跟你闲聊:

"那么,我们在上山,对吗?"

"我早上的时候希望再听一遍 Junior Birdman 这首歌的,你觉得里面提到的盒盖是哪来的?"

"接下来是休息时间吗?"(整整 6 周,每天午餐时都是如此。)

我常常忍不住去直接打断他的话。

撒谎的人都是那些特别缺乏安全感的营员，他们想通过撒谎的方式获得他人的喜爱。他会说自己认识很多住在当地的社会名流，甚至会撒谎说那些名流原本也要来参加营地活动的，却不得不在最后关头取消了。他会夸大他为你做过的事，即使你没有要求他做，如他为你洗过衣服等。有的营员会抱怨，他有时会翻他们的东西（干净的衣物），仅仅为了找点东西洗干净。他甚至会撒谎说自己和营地董事会、投资人有关系，他的职责是评估并报告每个人的表现，以此来判断谁还能继续参加营地活动，谁将失去再次参加营地活动的资格。这个人已经30多岁了，在我手下工作，但这一点也不妨碍他成为让我讨厌的"**营员**"，不过虽然他比较讨厌，却在我的掌控之下。

在这两个例子中，面对这些"**营员**"和他们周围的人，作为全体人员的辅导员时，我需要控制自己的行为。这些事情的关键在于，当偏袒或厌恶等情绪不可避免，当他们做一些可能会影响到你言行的事情的时候，我们尤其需要有意识地练习，让自己内心宠辱不惊。

如果你只是压制自己的情绪把它们深埋在心里，这样反倒不好。

"哦，不，我没有偏爱任何人，我对大家一样好，他们在我眼里都是一样的！"

啊？你是不是活生生的人啊？你可做不到这样。你一定会区别对待的，总有一些孩子比谎话连篇的人（我指的是其他人）更容易相处。重点是，出现情绪时，我们要认识情绪，而不是掩盖情绪或者嘴硬说情绪不存在。我们要感受自己的情绪，宽容自己的情绪，这样才能改善自己的情绪。同时，我们要在行为方面做出相应的调整。感受到这些情绪，然后我们做些不一样的事。比如可以问问你自己下面这些问题：

- 为什么我和这些孩子相处愉快呢？
- 这个孩子或者这一些孩子的哪些方面让我感到厌烦呢？
- 我应该如何跟那些既不让我欢喜也不给我惹事的大多数孩子相处呢？
- 我平常都和谁聊天？
- 我通常坐在哪里？
- 我会在什么时候微笑？

事实的真相远不止在营地中偏爱某个孩子。事实上我们有偏见。如果我讨论的内容是性别歧视、种族歧视、性取向歧视、残疾歧视、年龄歧视等诸多**歧视**，用的词语会有什么不同吗？理解上述内容最简单的方式就是，文化是身份形成的一部分，我们的文化存在歧视，我们的身份认同部分建立在歧视上。如果文化塑造了我们，我们的人格中就会有文化好的部分，也会有坏的部分。

就像我们在文章开头提到的那个故事所说，我们都有歧视心理。我们要做的就是认识歧视，感受歧视，并据此改变自身的行为。这样，我们就能改变世界。

回到摩西的故事。

每次摩西做了什么违反纪律的事，但事后又让人觉得好笑时，我都要找他聊聊，给他做做思想工作。最开始，我发现想让他安静地坐下来和我聊聊几乎是白费工夫。他天性活跃（如果他生活在现在，作为一个 7 岁的小孩，他肯定会被打上什么特殊的标签，说不定还**会被带去看心理医生**），他不是很擅长在一对一的情况下，有感情、思路清晰地表达自己的观点。换句话说，他就是个小男孩。我终于意识到这一点的那天，我们宿舍小组正在森林深处徒步，寻找沼泽坑旁的失落之地。在艰苦跋涉中，我们在沼泽附近停了一会儿休息，翻过一段枯木，我找到了大约 3 只蠕动的橙色条纹蝾螈。这激起了孩子们的热情，接下来的时间我们继续寻找蝾螈。不知怎的，我和摩西离开了大部队，他距离我大约 10 英尺远。突然，他开始讲话了。最开始，我以为他只是自言自语。很快，我意识到他是在和我讲话。我瞥了他一眼，发现他在翻一块近似腐朽的木头。他根本没看我，甚至也没有冲着我的方向讲话。但是他在讲话，而且讲的内容很重要。

"我奶奶去世时……"

"学校里的大人都不能理解我……"

"我出来的时候，18 宿舍的小孩都在洗手间外面……"

最棒的是，他也会倾听，会回应我的问题和建议。最初我不能读懂他脸上的表情和其他肢体语言，这让我们的谈话有点艰难，但是很快我们就形成了动作为主的聊天方式，这种聊天方式促进我们解决问题，进行学习，对我们两个都有好处。

我做摩西的宿舍辅导员已经3个夏天了。我们在一起每多待一个夏天，我们的关系就越亲密，我们之间的关系不仅仅是辅导员和营员，更是朋友。后来，他到了大年龄孩子的小组，我也在营地中承担了不同的角色。我成了辅导员组长，后升任小组负责人，并最终成为营地项目主管。在刚刚担任营地项目主管的那个夏天，我意识到，摩西教会了我辅导员的本质内涵。那时我们已经认识5年了，我几乎是看着他长大的。大多数营地会为年轻人提供独特的机会，通过其代际间的友谊，让年轻人学习了解群体间的亲密关系。尽管我们讲6~16岁青少年组成的群体时很少使用"代际"这个词汇，但实际上是存在的。夏令营大概是世界上唯一一个你在24岁就需要退休的地方（某些职业运动和高中除外）了吧。**代际友谊**会产生积极影响。当你谈起**"营地交的朋友"**、营员等时，你会产生强烈的社群感、责任感以及保护者心态。我对摩西的感情就是这样，**他是我的家人了**。

谈论营地的时候，家人是一个很有意思的词汇。很多人会有所谓的**"营地朋友"**和**"家里的朋友"**。大部分人都很熟悉这两个朋友的类别，能清楚地分辨出我讲的内容是什么、是有关谁的。营地朋友，或者说所有的营员，都像家人一样，我们不能选择他们，却不得不和他们在一起。我们能选择的是家里的朋友或一般的朋友，和他们的友谊可能会随着时间变化而变化。如果我们不再喜欢某人或者不想和某人一起玩，我们可以在手机上删除他们，在即时通信软件上屏蔽他们，或者在脸书上取关他们。但是家人是不一样的。我们不能失去家人，不能摆脱家人，不能"取关"家人。当然，我们可能会和家人绝交，永不联系，但这并不会改变我们相互的关系，我们还是家人。

我认为做好团队工作，比如身为夏令营活动的一名员工，成功的关键是要牢记这句话：**我们是营地朋友，我们是一家人**。你可以和某个人关系不亲密，你甚至可以不真心喜欢某人或者和他意见相左。但是我们的工作要求我们互相扶持、互相负责、互相关心，因为我们是一家人。

家人记事

再来说说摩西……

那个夏天,我成为营地项目主管,这是我第一次在夏令营工作的时候不需要带一宿舍的孩子。和大多数(特别是那些90年代中期的)人的营地经验一样,我没有接受新工作相关的培训。全部的培训不过是上级主管对我一次鼓舞士气的谈话。他说,"斯科特,你做辅导员带8个7岁的孩子带得很好,我决定把你提升为项目主管,就这样,你来管40个成年人吧。"然后他靠过来,用他的写字板**轻轻敲打我的肩膀**,就这样事情就定下来了。毫无疑问,成败在此一举,我马上开启了"每天只睡四小时"的状态,开展了风格严厉的领导与管理工作。但是,我觉得自己在那个夏天的前半段表现并不好。那时候我以为我的工作就是执行工作清单上列的各个条目,或者说只要模仿着上个人来做就好。我对自己的定位是辅导员们的辅导员。那么,我的工作就只是解决成年人的问题。但我却完全忘记了员工培训时最重要的主题,每个人参与营地的原因,以及给予我们营地辅导员身份的关键:我们的营员!就像捷蓝航空在广告宣传中说的那样:"**没有你们,我们不过是一群经常在电视里出现的在空中飞行的人。**"如果没有营员,我们不过是**在森林里的一群傻兮兮的大人罢了。**

我忘记了,无论我承担怎样的角色,无论我的**工作清单**有哪些内容,无论我的工作职责怎样清楚地显示,我的任务就是保证营地活动的顺利开展,我始终是一名营地辅导员。我忘记了,我们每一个人都要对每一位营员负责。而在我自己的营地团队,我甚至可以将这种责任阐释为要与营员构建像我跟摩西之间的友谊一样的关系。可惜的是,在那个夏天的前半段,我只关注了成年人。我应该是为了营员、为了有营员问题的辅导员而存在,可我当时却没有真正做到。在那个炎热的夏天,我把自己封闭在工作职责的条条框框里,忽视了重要的事情,对于自己的工作缺乏计划性。摩西意识到了这一点。他那时十二三岁,已经在我们的夏令营度过了几个完整的夏天。那时候夏令营已经到第4周了,他在某个上午过来找我,说:

"嗨,斯科特,最近怎么样?"

"挺好的，就是很忙。怎么啦？"我语言里的关心和敏感不比纸上的话多多少。

"嘿，我有个东西想给你看。我最近一直在日记本上画蝾螈，想给你看看。"

这对我意义重大，我甚至可能脸红了。蝾螈是我和摩西的秘密，是把我们联系在一起的东西。他向我伸出双手，做了这么明显的暗示，我却视而不见，仍然没有意识到自己在营地应该是什么样子。他想表达的意思已经明显到就差说"嘿，再做我的营地辅导员吧！"这句话了。但在当时，我说出来的却是一些典型的大人才会说的话：

"嗯，我现在太忙了，休息的时间过去看看。"

"好的！"他看起来比平常更加充满期待。

可我忘记了。那个早上，我匆匆忙忙却又心不在焉地做了很多事情，当然，那段时间我在营地的每一刻基本都是那样一种状态，但那天我却忘记了这件真正重要的事。我答应了营员一件事，但我却把这件事给忘了。恰巧那天下午的时候，因为有收集表格这样"非常重要"的任务需要到男生宿舍那边，我进了摩西的宿舍。他看到我的那一刻，眼睛都亮了。直到今天，我闭上眼睛，仍能看到他从上下铺的床上看向我的样子，而我也仍能记起自己因为遗忘那件事而产生的极度的羞愧感。

"你还记得！来这里，在我的日记本上呢！"他大声告诉我。

"当然啦，快让我看看。肯定画得非常棒！"我紧张地回答道。

他把自己的日记递给我，我开始一页页看。看到他写的内容，我惊呆了。我并不知道他那么热爱写作，尽管年龄小，但摩西非常有艺术天赋，所以我知道他画的蝾螈一定很漂亮。而对于他擅长写作这件事，我倒也不算很惊讶。然后我就看到了那页让我吃惊的文字内容。幸好宿舍里有一点骚乱，所以他没有特别关注我。我一目十行地阅读，看到那一页的开始有一些骂人的话。鉴于他已经十二三岁了，我觉得说脏话没什么大不了的，我就看了一下这一页下面的内容。页面下方写了 2 段，讲的是他伤害自己以及伤害他人的事情。虽然文字富有诗意，但内容却很具有威胁性。我头脑中立马警铃大作。尽管摩西闯了很多祸，也做了很多错事，但他从来都不是一个暴力，喜欢攻击别人的孩子。即使是面对那些找茬的孩子，他也不曾反击过。但是日记里却不是这么回事儿。难道发生了其他什么事？也许是因为我在偶然间发现了如此重要的事。我立即将自己的状态调成紧急模式。

为了理清思路，我抬起头和他说："嘿，摩西，我忘了要和营长开会了。休息后你参加什么活动？我那时候去找你，把日记还给你吧。"

"呃，好的。我会参加艺术手工。"他说话的语气不是很确定，但是也不惊讶。

离开宿舍后，我直奔营长办公室。之前我接受过的所有培训这会都开始发挥作用了。虽然我不知道应该做什么，但是我知道这件事很严重，需要汇报给营地主管。尽管当时，我还以为营地主管有能够解决问题的对策，但现在看来，那个夏天跟我一起工作的那个营地主管真的是很糟糕啊。他曾犯过很多错误，做了很多可怕的决定，当我带着这本日记和潜在的问题去找他时，他做了一系列更加恶劣的决策。平心而论，即使是放到现在，我仍然认为解决那个问题的正确方法应该是记录下我发现的问题，并对该营员做相应的辅导工作。可是，我们当时完全没有那样做。他做的第一件事就是把3名宿舍辅导员牵扯进来，把他们请到了办公室。然后，他觉得首席辅导员、部门负责人和其他一些"**擅长处理这种事的**"都应该参与进来。而在前20分钟里，至少有12个人坐在屋子里，就只是讨论这本日记，似乎那是心理恐怖片的铁证似的。我们讨论了一会儿，营地主管拍板决定暂时按兵不动，先"**等等看**"。简单回顾一下，他把12名营地辅导员叫到房间里，告诉他们一大堆关于大家最喜爱的营员的戏剧性的八卦和对他的猜想，然后告诉他们不要采取任何行动。

营地的八卦和戏剧性事件会像传奇故事一样在人群中流传。就像电话游戏一样，其在营地的传播速度远远超过胃病或者虱子爆发，并且更加恶劣。营地的八卦和戏剧性事件的传播有一个特点，就像滚雪球一样。知道的人越多，传播的速度就越快。最坏的地方在于，不仅每个人都知道这个流言，而且，即使他们毫无根据，却仍然坚持自己的观点，仿佛那就是事实。所以，你不仅仅制造了谣言，你还传播了对待谣言的态度和人们所做的决定。

八卦，戏剧和后果记事

我当时在的营地也是如此。休息时间结束时，所有的员工都听说了这个谣言，"**斯科特觉得摩西有问题，摩西可能会自杀，他会把摩西送回家**"。显然，这些都是错的，更不属于"**等等看**"范畴。

每个人都应该知道你去哪里了？ 31

营地八卦的最大问题是它会直接或间接地对营员的经历产生负面影响。其间接影响是，它会把辅导员的注意力从营员身上移开，让他们参与或把他们卷入营地的社交方面（但他们在这些方面几乎不需要什么帮助）。直接影响是，八卦会对营员的体验产生负面影响，就像想了解辅导员说或者做的每一件事一样，营员们也会想要了解这些八卦。

那个下午，这个谣言不仅传回了营地的工作人员耳中，还传到了摩西的耳朵里。瞧，你觉得别人没有倾听或者说你只是用没有指名道姓的方式稍微暗示提及了一下，但其实他们都在听，都在观察，并且也都继续传播这个谣言。如果有他们不清楚或不明白的地方，他们就会自己随意编造。

摩西那个下午没有去手工艺课，他逃离营地了。之前，我讲过营地辅导员对营员的意义，营地辅导员具有备受尊崇的地位，在营员眼中，营地辅导员是世界上最酷的人。但当辅导员打破营员的信任和信心，当营员觉得辅导员不再喜欢自己，这可能给营员带来致命性的打击。摩西无法面对我，他感到异常的尴尬和羞愧，无法面对任何人。所以，他逃走了。手工艺课开始20分钟后，我过去了。我问辅导员摩西在哪里，她说："**什么意思？他宿舍里的人说他跟你在一起！**"我马上就慌了。我知道我们要采取什么行动。我用无线电发出"营员丢失"的警报声。我们在接下来的15分钟内，按部就班地进行所谓的"**搜寻**"。我们搜索了住宿区、活动区，初步搜索了森林，还派车前往最近的两个小镇寻找。我们做了所有努力。以往我们都是在找到失踪营员后进行一次严肃地谈话，告诫营员按时参加活动或者记得带自己的追踪器，然后事情就结束了。可是这次，所有的队伍报告完成后，问题并没有得到解决。就在大家准备要打电话给州巡逻搜索警察和他父母，报告他失踪这件事之前的3分钟，我问营长，是否可以让我先跑去沼泽地看看。该区域距离营地较远，且不在我们常规的搜索范围内。但我和他曾在那里待了很久捉蝶螈。我一边哭，一边沿着那条丛林茂密、枝杈树根斜出的小路奔跑。我可是把他这个营员当做家人的啊。我们已经认识5年，我看着他长大，我对他有着无条件的爱。现在他出走了，也许是因为受到了伤害，但这都是我的错。我如何能避免这件事发生呢？我要怎么做才能在这件事发生之前就事先预见呢？转过沼泽地的最后一个弯后，我终于看到他了。他就在那里，在树丛中间的一根木头上，安安静静地坐着。我弯下膝盖，大口喘气，好像那之前的 25 分钟我都屏气没有呼吸。

我脱口大叫："**天啊，太好了你很安全，太好了你在这里，你刚刚去哪了？**"

接下来摩西说的话我到现在也记忆犹新。他的话恰好点明了在营地工作和身为一名营地辅导员的意义。他用非常平静的语调说，"**我去哪儿了？那么，你又去哪儿了？**"

那一刻我才明白，那个夏天我不仅仅是让摩西失望了，而是让营地里的每个营员都失望了。摩西这句简短的话提醒了我身为一名营地辅导员的真正含义。他提醒我，在营地活动中，无论你的角色是什么，责任是什么，所有营地工作人员的工作的目的只有一个：一切为了营员。我忘记了，要想成为最好的营地主管和**辅导员的辅导员**，我应该每天都认真工作，要站在营员的角度去思考问题，我身份的本质是营地辅导员啊。这应该是成年人和营地辅导员最基本的区别之一吧，**营地辅导员每天都努力在孩子的角度理解他们**。而大多数成年人都是希望孩子能够迎合他们的需要，满足他们的感情需求，向他们妥协，理解他们。**营地辅导员是地球上最酷的人，其原因之一就在于他们知道，如果我们能够在生理、感情、智力、社交等方面尊重孩子，帮助他们成长，孩子们的表现会更好**。然而，我却把这一切忘得一干二净。所有这些，都在那年初夏的时候，让我连同我的一只户外鞋和我最喜欢的杯子，给弄丢了。

所以，我向摩西道歉，"**对不起，我没有陪在你身边。对不起，我们没有好好聊天谈心。对不起，我们没有一起捉蝾螈**"。然后我们坐在一起。之后我们走回营地，终止了搜寻行动。聊了一会儿后，我终于了解他的日记了。摩西最近很喜欢弹吉他，对 13 岁的他而言，音乐就是一切。他特别喜欢涅槃乐队（Nirvana），主唱兼吉他手科特·柯本（Kurt Cobain）最近刚刚自杀。他解释说，我关注的那页日记其实是他尝试模仿涅槃乐队的风格写歌，向科特·柯本致敬。他不想自残，只是梦想成为摇滚明星而已。如果我之前问过他，如果我之前记得自己的本职工作，我就可以了解这一切，避免这场闹剧。

这个故事真正平息下来是在 5 年后。那时我去了另外一家营地做营地主管。那年 5 月，营地活动开始前，我接到了摩西父母的来电。他们告诉我 17 岁的摩西没找到夏季的兼职，问我可否让他来打工。我告诉他们我很乐意摩西来，并且如果需要的话，可以给他安排一份工作。摩西那个夏天的工作是做初级辅导员并辅助我。夏天过了一半的时候，摩西和他的搭档接手了一群很难管的营员，有一个营员披露了虐待的现象。我决心不能让摩西和他的搭档失望。我尽全力为每一位辅导员服务，而且我不惜花费自己的私人时间来竭尽所能地帮助他们。那一期结束时，我们在辅导员休息前召开了员工会议。看到摩西向我走来后，我解散了会议。

"嘿，兄弟，我非常感激你在这一期营地活动期间给我提供的所有帮助。这工作太困难了，没有你，我们都不能顺利完成。特别是那个孩子的事情，我非常需要你的帮助。"摩西说。

"应该的。职责所在，我很开心帮助你！休息时好好玩。"我回答说。

然后他转身走开，又笑着转过脸来说："哦，顺便说一下，这次我很开心不用问你为什么不在！"

身为营地辅导员，你地位特殊，这也是一种恩赐，你被他人推崇为英雄，被当做精神领袖，如此一来，你便成为了**世界上最酷的人**。但是，有着这样的身份，也要求你时刻牢记自己的职责，并常常自省一下，**自己究竟都做了哪些事**！

谢谢摩西……

萨姆·霍伦谢德拍摄的摩西·库珀（2007年、1996年）照片

要点总结

我们都会偏爱，这是人性——但我们在发现自己偏爱时要注意调整自己的行为。

营地的员工就像家人一样——我们无法选择，也不必一定喜欢他们，但是我们有义务关爱、支持他们，并对他们负责。

流言蜚语会对你周围的人，包括营员在内，产生深刻的影响——记得要客观地看待这一切，不该管的时候就不要插手。

你都做了些什么？身为营地辅导员，你的职责要求你尊重孩子们本来的样子，站在营员的角度去看待问题。

记得微笑！微笑的人更长寿

斯科特和卡琳（原始照片由斯科特拍摄）

如果有一套技能对于担任营地辅导员至关重要，这一定是沟通技巧。营地活动和蜘蛛网有些相似，只要其中任何一个环节出现了什么问题，其他很多方面也都会受到影响，营地辅导员与营员和同事相处的关键是沟通。

沟通是什么？

沟通包含的方面有很多。在这里，我想谈谈那些能让我们高效沟通的技巧。加州大学洛杉矶分校（UCLA）的一名教授艾伯特·梅拉比安（Albert Mehrabian）博士做过一个研究，探讨人们倾听时信息传达的情况。[1] 研究发现，在传达的句子信息中，由词汇传达的意思只占全部意思的7%。仅仅7%！这可以解释为什么我们在国外或逗狗的时候也能够做到很好的沟通。事实证明，人们在沟通时，说话的语调更为重要。一句话意思的38%都是由措辞和语调来决定的。这样就比较

---

[1] 该内容摘自其网站 http://mehrabian.socialpsychology.org，最初的研究结果主要探讨的是在沟通时感情和态度方面的问题.

能说得通了。例如，请阅读下面这个句子。

"谢谢，真的非常感谢。"

只变换语调，你能用这句话传达出多少种不同的意思呢？试试下面几种语气。

- 讽刺
- 愤怒
- 真诚
- 困惑

试一下！
站起来，假装你在和人说话（或者直接对你旁边的人说），当你用不同的语调说出同一句话，你的身体会有什么反应？

所以，和营员相处时，要记住，他们的语调比词汇更有意义。

他真的"好"吗？

"我还好。"（瑞恩·格林德尔（Ryan Grindel）绘）

但等一下！刚刚我们说的措辞和语调也不过只传递沟通信息总量的45%。研究证明，在沟通时，谈话信息的55%是由非语言因素传达的。例如，上图的卡通人物的身体语言是消极性的，因此，你在阅读时，大脑会不自觉地用消极或低沉的语调阅读。

哇，这太神奇了……

这么看，人的肢体语言比嘴巴说出来的话传达出来的信息更多！当人们身体传达出的信号和他们说的话不一致时，你的感触尤为明显，生活中有很多这种例子。你有没有过这样的经历？在与人通电话的时候，会感觉有点怪怪的，甚至有时会有些烦躁。因为通过电话沟通，我们的大脑只能接收到45%的信息，我们无法看到这些人在讲话的时候都是什么样的表情、他们的双手在作什么以及身体都是什么角度。你是否曾经到老板的办公室找他谈重要的事情，却发现他根本都不正眼看你，只是自己一直盯着电脑屏幕？是否曾经有人看着你的同时还在电脑上敲字？这真的很诡异！为什么呢？他们的肢体同时给出了两种互相矛盾的信息。或者说我们在写到重要邮件或重要短信结尾时，会问我们自己："**这读起来语气可以吗？**"直到确定邮件读起来很舒服时我们才会发出。我们的大脑天然就会集中处理这些信息。

微笑（使人长寿）

好吧。微笑让做营地辅导员（更多内容见下文）的你看起来更加平易近人，温柔友好，但教你微笑还有另外一个原因。事实证明，微笑对你有益。这是营地活动能给参加活动的所有成员带来的最好的事情。有一个长久以来每个人都赞同的观点：如果你有一个愉快的想法（和/或其他很多让你感到开心的事情），你的脸上就会浮现笑容。这一点至今仍是真理，而且研究表明，微笑（只动用相应的肌肉）实际上会让人更开心。微笑时人的大脑会产生一种天然的让人感觉愉快的物质。这种物质与医生或角落里的小哥给我们的"**天然**"开心药截然不同。这些**让人感觉愉快的物质**会作用于人的大脑，提升个体的愉悦体验。除此之外，微笑和其带来的让人感觉愉快的物质还有一个附加的功效：让人更长寿（研究表明微笑使人的寿命平均延长约8年），生病以后痊愈更快，得精神疾病的概率降低。还是回到微笑这个主题。①

试一下！
镜像视频挑战活动

此外，微笑是一个通用信号，一个跨文化的表情（有些人甚至认为这是一个可以超越物种的表情，因为自己的狗狗也会微笑），意味着幸福。微笑是你开始或结束各种交流的方式。你是否注意到，微笑具有传染性？无论我在哪里，在开会也好，在营地也罢，我都会实验这一理论。在培训或谈话期间，（一般在交流时）我偶尔会停下来，对着大家微笑。每一次，大家都会回我以微笑。虽然不是每个人都会这样，但大多数人都会回我以微笑。微笑有丰富的社交背景，有众多的外延意义。在酒吧里看到的笑脸和在收银台看到的微笑就不一样（偶尔会一致。如果你理解我这句话的意思，说明你对上述的两则场景跟我有同样的感触）。有的是"**你好呀**"式的微笑，有的是"**嘿嘿！**"式的微笑，也有"**噫**"式让人不舒服的微笑。试着练习一下吧，即使不是想长寿，保持健康，生活愉快，哪怕只是让自己看起来更友善一些，你也应该多多微笑。

你表情是怎样的？尝试着微笑一下吧，这可没那么简单。你可以站到镜子前，离镜子近一些，好好观察一下你自己的脸。首先找一个自然的姿势，然后闭上眼睛，放松面部肌肉，最后睁开眼睛。看一下你表情是怎样的？当你想起一些事情时，你的表情是怎样的？小约翰又打人了，很多营员在讲屎尿屁的笑话，有辅导员冲你大呼小叫，诸如此类，你的表情都是什么样的？

如果你想认真研究，可以给自己的面部表情录像。用相机调焦后，对准自己的脸录像至少半小时，记录下自己对不同的事情做出的不同反应。然后（重头戏来了），用电视机观看录像。如果条件允许，尽量用大屏观看。这样你就会看到自己脸上的微表情，并认识到自己的微表情和自己的细微样貌。是不是很惊讶！更多内容，参见"面部表情"章节！

---

① 见文章《微笑包含什么？》（*What's in a Smile？*）http://bipolar.about.com/cs/humor/a/ 000802_smile.htm

到达孩子的高度

好的营地辅导员会始终坚持做一件事：他们会弯下腰，屈膝跪着，蹲下，靠过来或坐下来，等等，他们会弯曲自己的身体和营员一样高以便自己能够直视营员的眼睛。事实上，最近美国营地协会（ACA）的一项研究[①]表明，好的营地辅导员都有一种品质或能力，即"**迅速拉近与营员的距离**"。我认为，到孩子的高度是练习这一技巧的最好办法。我偶然发现，如果营员站着，我坐着仰望他讲话，这样我们的谈话效率会很高。为什么最优秀的营地辅导员知道要这么做呢？这可不是培训中会教的交流技巧。其实，这和眼神接触、非语言交流有着直接的原因。如果你在跟营员沟通时直视对方的眼睛，你能够更容易地将信息传达给他，你们双方也都更容易读懂彼此的想法（能记住55%的信息）。无论双方是否感兴趣，辅导员都能更好地给出命令和指示，营员们也会更容易表示理解和顺从。到跟孩子们一样的高度去理解他们，这样双方都可以更轻易地接收到彼此更多的信息。

但是，一些非常优秀的人之所以愿意这样做，而且他们在做这样事情的时候还很自然，是因为这是他们内心里对待孩子们的一种态度，或者说，是对孩子们发自内心的尊重。这种态度不仅仅会帮助取得良好的沟通效果，还会使营地辅导员和营员之间建立更好的情感连接。它蕴含着真正的尊重和理解。它传递给营员的信息，**是"我在意，我很感兴趣，我尊重你"**。如果你在肢体方面能做出相应的动作，你的感情就已经传达过半了，相对语言说的"**我很想了解你是如何看待这世界的**"，这样沟通的效果会好很多，这些对孩子意义非凡。毕竟，大多成年人不愿意花费时间，或者更直接地说，根本不会对孩子

要做到这一点，只需在讲话时弯下腰（斯科特和营员，2007年摄于蜻蜓森林营地）

[①] 2006年基督教青年会中美洲露营会议（YMCA MACC），汤姆·马代斯基（Tom Madayski）报道。

有足够的尊重。这样做的好处是营员能与辅导员和其他营员迅速打成一片，这样一来，**营地活动才算真正开始**。

面部也是重要的交流工具。在两个人或多人聊天时，面部非常关键。它会提示我们的目光所在和回复所向。如果你像我一样喜欢观察他人，就会知道，面部可以暴露最多的信息，也可以隐藏最多的信息。情感和面部线索研究专家约翰·戈特曼（John Gottman）深知这一点。多年来，他一直研究情侣面孔，并通过使用面部动作编码系统（FACS）解码面部，理解研究对象的真实感受。① 他只需看一小时录像带，就能知道这对情侣在未来的 15 年内是否会在一起，准确率高达 95%。② 你能想象自己和伴侣在他家共进晚餐的情景吗？基本的分析思路如下：你有意控制自己的面部，表现出特定的表情；同时潜意识的面部表情揭示该人的真实感情。这就是有时不需要讲话即可感受对方情绪的原因。

"别用那种表情看我！"
——麦克·布朗

生气的斯科特（原始照片由斯科特拍摄）

营地辅导员控制自己的面部表情也是和营员拉近距离的一种方法。你表情是怎样的？练习一下吧！就像你刚刚练习微笑那样，坐到镜子前面观察一下自己吧。你能看到自己考虑不同事物时不同的表情吗？

技巧 1：了解自己的面部表情，有意识地进行控制。

技巧 2：学会读懂别人的面部表情中的变化。

练习微笑是培养自身了解面部表情的良好方式。这属于潜意识范畴，人们容

---

① 该理论由保罗·埃克曼（Paul Ekman）和 W.V. 弗里森（W.V. Friesen）提出。
② 见麦尔坎·葛拉威尔（Malcolm Gladwell）的书籍《眨眼睛》（Blink）。

易遗忘——遗忘也算第二天性的一种。积极进行微笑练习不仅使人继续保持微笑，还会使人了解自己现有的表情，在休息时保持微笑表情，以及自己休息或持中立立场时展现的表情。我自己最明显的表情是，晴天在户外或开车时如果我不戴眼镜，我就会挑眉舔嘴唇。但如果我意识到自己露出类似表情，我会换成微笑。只有意识到并思考这一点，我才能够控制表情。在练习的过程中，我能够更加了解跟随面部表情变化而变化的各种情绪或微情绪。这让我非常平静、放松。微笑代替挑眉则让我感到安心。

学习识别其他面部表情和反应则困难得多。认真观察、仔细看，都需要大量的时间。最简单的练习需要抓住每天的碎片时间。比如和杂货店的女士聊完天或被警察叫停后，你都可以问自己："**关于他们的脸，我注意到了什么？**"你需要关注这些。这些会让你在和营员打交道的时候更轻易读懂他们。这些营员一边学语言，一边学交流。一边学怎么使用面部和其他的非语言技巧。更重要的是，他们学习的很多内容是无意识的，隐含在互动中，很少被明确地解释过。老师和家长总是说："**用你自己的话说！**"但我却从未听有人说"**用你自己的脸！**"所以，你就会接收到不完整或混乱的信息，举例如下。

肩膀耷拉着，手插在口袋里，低着脑袋……（用言语表达是）"我挺好的。"

皱着眉，绷着嘴巴，握紧了拳头……（用言语表达是）"没事儿。"

目光躲闪，低着头，绷着下巴，不停换站姿……（用言语表达是）"对不起。"

一旦你关注这些，你就会一直关注下去。我特别喜欢在机场和商店观察别人。有时候，我会自己在大脑中想象他们的故事。

面部和情感语言

微笑让人有宾至如归的感觉。营员靠近你时，他们只能观察到你的肢体语言，以及其他肢体语言阐述的内容。他们还没有听到你的声音，不了解你的为人，只知道你管事，看起来很酷。这里只探讨一下面部。探讨时我会给两个例子，然后请大家大声说出对每张脸的观感。当然，观感如下所示。

- 容易亲近
- 友善
- 热情好客
- 开心
- 有意思

（微笑）

- 刻薄
- 冷漠
- 在这里并不兴奋
- 吓人
- 恐怖
- 没意思

（面无表情）

我一点也不想自己看起来是这个样子……

（生气）

微笑、面无表情与生气的斯科特（原始照片由斯科特拍摄）

那么，思考一下，一个8岁的孩子会不会面无表情向我走过来，并自言自语说："天啊，斯科特现在看起来真冷漠，好像一点也不愿意呆在这里。我都有点吓到了！"他肯定不会的，因为这么大的孩子不会这样讲话。但是，你觉得孩子会感受到我的情绪吗？肯定的！我们就是这样学会确定我们自身感情的。我们感受到一种感情后，会分析出具体感情的名称，并决定如何控制这种感情。在帮助孩子学习时，我们要把词汇和面部表情联系起来。

目光接触是一种很难练习的沟通技巧。目光接触时，人们很难产生持久、专注、安全、舒适的感觉。但是，我们是通过目光与其他人产生联系。在此我想先说明，练习目光接触必须关注文化因素。参考美国文化和世界文化，我先简单介绍一下目光接触。在美国本土文化和世界文化中，目光接触有不同的含义和社交意义。如果带国际营员或不同文化背景的营员，辅导员必须清楚这一点。其实所带营员是否来自同一个城镇同一个社区并不重要。他们的家庭，宗教信仰，学校和其他文化因素才是最重要的，这些方面存在的差异能够帮助你理解并正确进行目光接触。

与营员目光接触能够传递很多有用信息：兴趣，尊重，关爱，真诚，等等。同时，它也能帮助你更清晰地传递方向和指令。说实话，营地辅导员常常需要传递指令，指明方向。在练习倾听时（见下文），无疑你会看着讲话的人。但你也要练习在自己讲话时看着他人，这就难多了。最开始，你的注意力会分散，因为你需要识别他人的面部反应和表情。比如，营员最明显的面部反应是他们不理解时的迷茫。

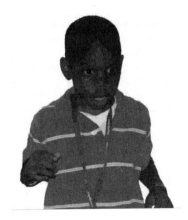

2 名营员（2007 年摄于蜻蜓森林营地）

如果不看着他们，你怎么会知道他们是否理解呢？当然，你会问如果出现问题怎么办，而且可能会进一步与某些营员确认他们是否真的理解，是否需要更多的信息。你要了解，目光接触也是一种确定营员是否理解的好方法。此外，也练习一下与成年人进行目光接触。很久以来，我们都学会了如何隐藏自己的真实心情，掩饰自己的真实表情，但无论我们掩藏多深，我们最终都会暴露的。观察一下，如果别人告诉你他们喜欢的东西或者事情时，或者他们批判性地进行思考，或者告诉你不喜欢或可怕的事情时，你们的目光接触是否会有变化。你问他人一些日常的事情，比如早上愉快吗？他人的眼神是什么样的？只要多多关注他们的眼神，你会了解更多。同时，你也会更加了解自己的眼神。

肢体语言的几个小建议

开放式和封闭式的肢体语言

你很难训练他人或者教会他人使用肢体语言。如果你对一群人讲姿态和肢体语言话题，很多积极使用肢体语言的人可能会感到尴尬。一旦谈到交叉双臂这种封闭性的肢体语言，人们往往会采取防御姿态。一般来说，交叉双臂的实质是封闭自己，将自己与周围剥离开，避免自己被周围影响。但很多人都会辩称并非如此，只是因为这样更舒服或者习惯这样放胳膊。别紧张，你说的对。正因为这些原因，这种动作才舒服又自然。想想吧，为什么生病时我们喜欢用毯子把自己裹起来？为什么难过的时候我们会把自己团成一团？我们只是在一个基础的层次上保护自己罢了。封闭性动作可能起源于古代人们保护自己不被老虎吃掉，而今成为一种可以"**保护**"自己的社交行为。如果我们把别人关在门外，他们就不能伤害我们，不能取笑我们，也不能挑衅我们。

所以你无需改变，我也不会要求你改变。我只要求你关注自己身体发出的信息，这样我们交流起来会更加清晰流畅。

如果打开自己的躯体，你可能更容易亲近他人。

尤腾奇·尤太科（Utenge Utek），凯丽·安德森（Kelly Anderson）和营员们（2007年摄于蜻蜓森林营地）

看，你已经注意到了！**是的，她有一点焦虑，有一点害羞。**

另一方面，你需要读懂他人。如果你知道如何用肢体动作释放出微弱的信号，而非故意封闭自己，那么你就太聪明了。我们都曾有许多这样的体验，有时候我们带着孩子，但同时我们需要回顾，思考，整理或者咀嚼刚刚发生的事情。但这时如果你对营员说，"**嘿，小伙伴们，我需要单独待一分钟……**"有的孩子会不开心，有的会捣乱。反之，你可以双手抱胸，闭口不语。你就在那里看着孩子，观察着一切，孩子们能去找你，但你目光严厉，异常专注（好像插画上的荷马·辛普森），同时，你还清晰传递出信息——**让我自己待一会儿。**（想想那个 55% 原则）换言之，这些都可以成为良好的沟通工具，想用好则需要练习再练习。在发生事件时观察他人，关注别人的动作，很快你就能习得预见他人讲话的能力。

他真的就那样做吗？

直面他人或像他们那样直面这一切。身体倾斜的角度和转动的方式也能清楚地表明该人的兴趣、尊重、意图、关注和焦点指向。这种技巧可以使你的语言达到更好的效果。如果你言行一致，参与度高，那么营员更有可能认真对待你。但最大的问题是，很多成年人不会这么做。而且很多成年人的姿态与他们走近孩子，处理与孩子关系的态度不一致。因此，孩子认为成年人不值得信任，常常言行不一。孩子们很容易通过观察成年人的肢体语言、话语和行为，得出这个结论。这里，我们假设一个场景。随便在美国的某个地方，找个 4 年级的班级。一位老师穿过走廊到教室，轻声告诉在教室的老师某件事。这位在教室的老师转过去和全班学生说："**好的，现在请打开练习册，我们一起做练习。请回到自己的小组，开始动手做。别捣蛋了！我在看着你们呢！**"在这个小场景中，这位在教室的老师接

杰夫·苏尔（Jeff Suell）和营员（2007 年摄于蜻蜓森林营地）

下来会做什么呢？如果你的答案是"**继续和另外的老师聊天**"，恭喜你答对了。事实上，我用这个例子以来，将近90%的人同意这个答案。因为这种情况经常发生，我们很容易预见。这也可以作为一个合适的例子，说明成年人的言行不一，语言与动作不匹配。这里我们用数学方式分析。

"我在看着你们" = 转身继续和另一个成年人聊天

学生开始认为：

"我在看着你们" = 想做什么做什么，她才没看呢！

语言和行为不匹配会给孩子们带来错误的信息。孩子们努力理解他们周围的世界，他们唯一能做的，是观察大人的行为和语言，所以他们周围的大人最好能给出明确的信息。无论我们教的正确与否，他们都会用数学方式理解。

所以，要让孩子们感受到，我们很认真，我们很关心。但最重要的是，要表现给他们如何做到言行一致。只需要我们在说话时把身体转向正确的方向，这一点会很容易做到。

坐着是一个基础的社群构建工具。是的，我刚刚确实说了，坐着是一个社群构建工具，也可以建立友谊。想想吧，坐的地方人越多，人们就越容易聊天。聊得越多，感情就会越深。就这么简单。想想我们讨论关系、团体和社区的地方，我们几乎都是坐在那里的。在教堂，篝火边，晚餐和电影约会时，心理治疗时，上学时，吃饭时或会议时，等等，如果你想和他人建立联系，你们几乎都是坐着的。营地辅导员的技巧则在于将坐着的优势最大化——关注坐的方式，坐的位置，坐下的时间等。这看起来简单，但大多数成年人都不会从孩子的高度理解孩子。请积极和营员坐在一起，之后一切就会自然而然地发生。

像弯下腰和孩子们交谈一样，坐着和孩子交流甚至能够改善孩子们在游戏中的表现，因为这让你们完全处于同一

凯特琳·科斯特洛（Caitlin Costello）和营员（2007年摄于蜻蜓森林营地）

记得微笑！微笑的人更长寿

立场。大家生理距离上的平衡十分容易实现，同时坐着也能够安抚情绪。大人打理一切，他们有能力，有控制力。为此，大多数情况下我们倾向于感知控制，即成年人用大量的时间让孩子接受由大人控制一切的方式。但我很确定，控制的效果并不好。我的意思并不是坐着会有某种让孩子们乖乖听话的魔力（这也并

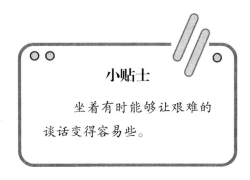

小贴士

坐着有时能够让艰难的谈话变得容易些。

不是我们真正想要的），但是这种技巧更多的是创造一种平衡和尊重的新方式。

用手讲话

这里指的并非手语，不过我认为使用手语的孩子和成年人非常适应不同层次的交流。此处指的是通过手指、手掌、胳膊、肩膀等部位的运动，用姿态来解释自己所说的话。这看起来将会更加生动有趣。同时会提供给倾听者更加明确的信息，让他们深刻理解你的用意、主题或者讲话的其他内容。你遇到过开车指路的情况吗？即使你在车里，看不清前方的路，仍会有许许多多的人为你指出路的方向，为了指路，他们会使用手语来向你传递信息，甚至自己一直沿着某一方向转动，直到你消失在他们的视野中。在指路人给出方向时，那些需要及时听清左右的驾驶员也需要一些小技巧帮助他们记忆方向。我妈妈在被问到左还是右时，会摩擦她写字那只手无名指上的老茧。这里的重点在于，我们经常会用这种沟通方式，但却极少仔细考虑这个方式的重要性。如果花些时间考虑这个方式，观察他人，那么在要讲话或吸引营员注意时，我们就能够掌控话题。

练习此方式的一个方法是，考虑自己说话时的表达方式是否包含多个步骤（向上伸手计数），他们是否必须从一个地方到另一个地方（用手指指向，并倾斜身体），你是不是在指着一张纸或其他书面指示（在空中画一个方形/矩形）。

上课时的斯科特（原始照片由斯科特拍摄）

这种方法有时会带来有趣的副反应。到这里，本书已经讨论过你的面部，眼睛（目光），身体姿态和双手。我努力描述许多对话**情景**，而不仅仅停留在说话和聆听层面。下一步则是用逻辑分析该想法，有时**做一些事情**可能有益于谈话顺利进行。这让我想到之前提过的**行动导向型会话**的概念和技巧。虽然并没有与任一性别相处的特定规则（有的人可能不赞同），但是这一技巧实际上更有助于应对难以相处交谈的男孩子的问题。为什么会有这样的效果呢？我想部分原因就是肢体语言了，肢体语言会使交流更容易，内容更清晰。这种不算亲密的态度能创造一个让他们不那么害怕的环境。男孩子常常和我们的想法不一致。很多时候，当我们问到他怎么了、感觉怎么样时，很多男孩子甚至无法用合适的语言表达自己。尽管他们吵吵闹闹，喜欢讲傻兮兮又好笑的话，但这些都不是合适的语言，我想听的是他们没有宣之于口的话。迄今为止，还没有人教过他们怎么说，也没有人要倾听他们的话。

我感到又孤独，又害怕。
我想妈妈了。
我不像其他人那样什么都擅长。

我们不知道这些，有的孩子会**表现**出他的真实感受，我们一般只"听到"与感情相关的表达或行为。

我感觉孤独又害怕（感受）= 表现得好像我玩得很开心，还找别人的茬（行为）

记得微笑！微笑的人更长寿 49

我想妈妈了（感受）= 取笑那些出局的孩子，反抗规则（行为）
我不像其他人那样什么都擅长（感受）= 打人（行为）

无论你将这种技巧应用于男孩还是女孩，你只需要记住一点：在一起时，不要只讲话或只聆听，要有关注，有话题。即使距离较大，一对一讲话时也会带来亲密感——这能够提供一个可以谈天讲话的安全空间。**只要你知道聊天的话题，你们总能进行下去。** 当你们说到某件沉重或尴尬的事情时（记住，目光接触总是很困难的！），你们可以转眼看看别的。从生理或运动学角度看，这能够提供一个供孩子表达紧张、兴奋等情绪的窗口——只需要记住以下两件事：**有转移关注点的事情和某种动作。**

另一个很好的例子就是在车里谈话。汽车几乎提供了行动导向型会话所需的一切基本要素。所以很多精彩的对话，紧张的辩论，秘密的吐露等多发生在车里。事实上，我一个心理学在读的博士朋友想开发**汽车疗法**。他注意到在私人生活和职业工作中，人们一旦坐在车里，就很容易倾吐秘密。①

倾听并理解思想

截至目前，我们已经探讨过如何通过肢体语言使自己的信息明晰化，如何理解或"倾听"营员的肢体语言，但还没有讨论过什么是真正的倾听。员工培训时，我常常向员工教授倾听技巧，每个人都应参与这一项培训。我认为，"**这是辅导员必须具有的一项重要技能！**"我的想法是对的。但是我有错。我的错误在于，我认为这是**辅导员应该具有的一项技能**。这一点非常基础，可是我却从未意识到，我自己也应该做一个很好的听众，给辅导员和其他员工树立一个好榜样。因此，我完全错过了发展自己以帮助教学或训练他人的机会。

不做任何假设。 培训辅导员和其他护理人员时，我尽量让过程变得有趣和难忘。我会讲故事，会教小把戏。教授倾听技巧时，我常常用自己和妻子的关系做例子。无论你经营一段感情多久，你总会想知道对方的想法。你会假设你不仅仅被理解，还能理解对方。这方面的假设也存在致命缺陷：虽然我们的肢体语言和

---

① 除了汽车疗法外，罗恩·克伦蒙斯（Ron Kimmons），也称 DJ 罗恩，他也在开发 DJ 疗法和音乐疗法，让小孩和青少年通过选择、制作和播放音乐集来表达自己。

其他非语言提示可以清楚地表达我们的思想（能提供55%的信息），但仍有一部分是不清楚的。此外，无论你多了解某个人，一旦你开始假设他们对某人某事的看法，你肯定是错的。最终，你的期待变成了最简单的样子——期待能够读懂别人的思想。这可不好。

有时候孩子们很难充分表达自己，当他们能够充分表达时，又会传递非常矛盾的信息。每个与孩子相处过的人都有过这种经历：如果你不理解他们，小孩子会很沮丧，学龄儿童表达的是不完整的想法，而青少年则——你懂的，青少年每天都不一样。重点在于，孩子潜意识会做出假设：辅导员了解我发生的一切。这才是最大的问题，为此，你需要知道怎么读懂心理，这样你就开启了启蒙之路，很快，你会发现原力与你同在（而且你会成为一个更好的倾听者）！

我原来以为，练习任何一个技巧前都需要把该技巧分解成最小的步骤后进行练习。所以我会拿出活动白板和马克笔列清单。我们小组会用很多时间列一个含20~30个步骤或技巧的清单，帮助人们更好地练习倾听技巧。

然后我们会打印清单，分发给办公室的同事，说："**非常好！现在我们知道怎么锻炼倾听能力了，我们可以随时参考清单了！**"几周后，也可能几天甚至短短几小时后，我可能会发现他们根本就不理解清单的内容，自己就会很沮丧，因为辅导员根本没有练习。好吧，后来我觉得自己找到了原因。

你是否知道，美国电话号码是7位数，这是根据对人类记忆的理解而确定的？根据科学家（是的，听力科学家）的说法，人们在短期记忆中最多只能记住7种东西（我们大多数人可能只记住4或5种），如果我们想要在短期时间内记住更多的东西是比较困难的，这一要求实际上压倒并战胜了记忆。而当我们自己被压倒，内心沮丧时，我们就倾向于放弃，投降，觉得"**好吧，不应该一直这样的，也没啥。**"我们

主动倾听

询问优质的跟进问题

目光接触

若营员较矮，下蹲到他们的高度

等他们说完再讲话

夸奖营员的分享/发言行为

鼓励他们讲话分享自己的感情

回应时有表情

记得微笑！微笑的人更长寿 51

的大脑也是如此工作。

为此，我们列一个含 20~30 个步骤或技巧的清单，帮助人们更好地学会倾听，这没错，清单是个好工具，问题在于我们总是会忘记，我总是让他们有挫败感。要学会读懂别人的心理，接下来我会教你"ESP"技巧。我会教你运用自身的 ESP，以随时（或至少大多数时间）了解营员的状态。方法很简单，但不是你想的那回事儿。

E：目光接触（Eye contact）
S：微笑点头（Smile and nod）
P：理解复述（Paraphrase）

当别人直视我们的**眼睛**，我们会觉得他们在听我们讲话。你是否曾有过反面经验？可能你曾经历过，你向领导或上司报告重要的事情，他们却一直看手表甚至一直看电脑屏幕。你会感觉他们根本没有听你的讲话。倾听的时候一直保持目光接触很难，但是，你需要知道目光的焦点即是注意力所在。你得开始用眼睛"聆听"，你用眼睛关注开启每一个对话。记住用自己的眼睛！①

如果有人**微笑**而且轻轻**点头**回应你的话，你会觉得他们在认真倾听。试一试，区分别人在你冲他们微笑或不微笑时的反应，也区分你点头回应和不回应时的反应。

回想一下加州大学洛杉矶分校所做的研究，交谈时，人们听到的信息是7%来自单词，38％来自语气，55％来自非语言提示。这在倾听中意味着什么？问问养狗人士，他们会告诉你更重要的是说话方式而非你的具体措辞。狗狗的倾听理解来自于你看起来什么样子（生气，摇动手指），声音（尖锐，响亮，生气）和你使用的词语（不！不行！），好的倾听者（对于狗来说，是继续在狗屎里打滚）能听懂。我显然不会训狗。如果这是它们"听到的内容，"那么教狗和教人倾听的道理是一样的。教人学习倾听技巧可以使用同样的准则。我知道这不够精确，但是我们是在营地，不是在学校，营地可以这样用。

---

① 具体一点。你的胸部不会讲话。我知道如果胸部会讲话会非常方便，因为大多数男人（和少数女性）不必改变他们的习惯，甚至也不会注意到他们喜欢直视女性的胸部。你的目光暗示了你在思考的内容（不要回避，太明显了）。我们总是在开始交谈时先看对方的眼睛。请尊重一下所有的女士，讲话的时候看她们的眼睛！

这是用肢体语言确认人们已经听到了相应的内容。当我们没听清或不懂得讲话内容时，我们也会自然做出反应。而当对方用外语讲话时，我们会紧张地微笑点头。当有人讲坏事时，我们会皱眉摇头。当有人在讲述某种浴室事故的血腥细节时，我们会感到可怜或尴尬。肢体语言可以提供语境，为你的语气和你正在使用的单词增添了味道和细微的差别。

如果有人能告诉你他们刚刚听说或向你复述他们理解的内容，你知道他们刚刚认真听讲了。这种 ESP 的步骤让大脑真正练习倾听能力。分析并继续解决问题（后面会有更多内容），这能够激活大脑掌握它所听到的话，并且帮助你批判性思考刚刚听到的内容。最后，你需要重复这些话语。

> 你刚刚告诉我……
> 我确定明白了……
> 所以当你说……
> 关于……的部分……
> 告诉我更多关于……
> 你所说的……是什么

此外，如果你是首席辅导员，主管或其他领导人员，要记住，关键不仅仅是培训和教授倾听技能，而是使用这项技能，以身作则。

是的……FU！让我逮住了吧！把脑袋里的污水倒掉，我不是那么粗鲁的人。我想教你一些你能记得的东西，坦率地说出类似"**好吧，让我们来谈谈 FU！**"这样的话，对我来说很有趣。FU 指的是跟进问题（Follow Up Questions.）（我想说，"好吧，让我们谈

"换句话说……"（瑞恩·格林德尔绘）

谈 FUQ 的问题！"这样有点太多余了）。① 提出一个好的跟进问题更像是一门艺术，而不是一种技术。这就像你领舞一样，跟进问题只是引导谈话的能量和话题的流动，我能给出的最好建议就是倾听别人的意见。对于正在读这篇文章的人来说，我并不推崇 "**男人来自火星女人来自金星**" 这种说法，但男性和女性在思维上存在差异，请关注女士们的想法。通常，女性比男性提出的问题更好。撇开性别不谈，一个好的跟进问题的本质是让说话的人批判性地思考他刚才所说的某些方面，然后继续说话。跟进问题不仅仅有引导和争论的作用，也不仅仅是一个有用的工具，而是可以让你了解所说的内容是如何与你切实相关。是的，在谈话中通常有很多机会让你说出你的想法、讲述你的故事，但这不是这里的主题。

练习 FU 的一个好方法是使用开放式问题。通常情况下，一个开放式问题能鼓励人们说话和思考，进而得到更多回答。那么最困难的部分是选择要问的东西，你应该清楚，你实际上不理解某些东西，问问题就会很容易。大多数情况下，你必须搜索某些内容或者放慢谈话速度，这样会有一个沉默的尴尬时刻。所以，你可以问一些听起来很有趣的东西。

告诉我更多关于……的信息

我对……感兴趣……

有点像……

你可以解释吗……

那部分怎么样……

我不确定我对……的理解

FU 注解

问任何让发言者反思刚才说出的话的问题都可以。纸上谈兵容易，但实际练习却难得多。当你提出好的 FU 时，你会马上注意到大多数人会把话题从演讲者转移到自己身上。事实上，"听

---

① 我特别喜欢用小游戏加深别人的印象，但我并不想冒犯任何人。我做幼儿园老师时，曾用 "F 单词" 做文字游戏。我们站成一圈，每个小孩都有机会说一个 F 开头的单词，如 friday, friends, fun, funky, 等等。猜猜周五的时候大人们都喜欢在谁的房间里玩呢？皮一下还是很开心的。

众"所提出的大多数"问题"都是在继续自己的东西。因此，提出跟进问题面临的挑战是将重点放在发言人身上，在这种情况下，是将重点放在营员身上，让他们谈谈这个。

所以，现在我们已经思考过如何让我们说得更清楚、更容易理解，你实际上会说些什么呢？你应该用什么**词汇**？讲具体技巧之前，你需要学会使用一些基本的东西。虽然我不想炒冷饭，但我还会炒几次。你的词汇占信息的7%，因此它们只是意义的一小部分，但它们是其余信息的中心点或衔接点，这些词构成了其他一切。所以词汇可以指示你用什么语调、如何运用肢体语言。它们一致吗？

关于谈话的基础知识

当你必须在小组面前讲话或给予小组指示时，事先写下来是非常有帮助的。责任分配，议程项目，新任务，期望，新想法，时间表，步骤或其他任何事情，尽管无关紧要，但写下来能帮助你记忆理解它。然后，当你记住并更好地理解时，你的肢体更容易跟上这些信息，并且你的语气会更自信。写下来也对谈话的人有所帮助。

当你写下一些东西时，你需要一种更永久的方式保存，这是你必须负责的事情，它的存在能够改变一些事情。我们的想法是，如果你写下一些东西，你就有更好的机会去理解你的一些期望和假设，水边规则（the rules at the waterfront）是一个很好的例子。

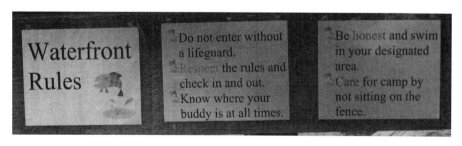

营地照片（斯科特摄）

上图是水边规则的一个绝佳范例。其内置的假设是：你知道伙伴体系（buddy system）是什么，该体系是如何工作的，你知道指定区域和恰当的水域面积。此外，

我们还期望附近有救生员，有可以坐着休息的地方。这个营地符合4条中的3条。他们很擅长用这些来解释伙伴体系的规则，你可以去的地方（这都是假设）。他们也非常安全，救生员肯定行动迅速（这创造了期望）。没有人坐在篱笆上，但也没有坐的地方。左图是栅栏，也是他们唯一能坐的地方！

写下来后，你就拥有了规则，同时要对规则负责！你必须要明白写下后它对你的意义和传递的信息。当你为其他人写下规则时，就要从他们的角度思考并衡量他们是否明白——这同等重要。

营地照片（斯科特摄）

有些时候，作为成年人，我们会忘记规则、期望、方向等并不直观和明显的信息。

营地照片（斯科特摄）

例如，这个营地的湖泊非常浅。很明显，这里不能潜水。但请告诉我，你在这张照片中看到了什么？如果你12岁，你会怎么做？是的，我也会那样做——直奔**"潜水"**板。现在，我确信可能从营地角度对它作出解释，比如它是一个"跳板"，或者它们只用于钓鱼。但我的观点是，当你把它写下来（或者在这种情况下张贴起来）时，它能够强迫你以不同的方式看待事物。

那么，这与营地辅导员有什么关系呢？营地辅导员每天有好几次必须与营员进行团体交谈。有时（并非总是）你应该写下你必须要说的或要做的，以做好准备。记录要点，快速列表，等等，这能帮你捋清思路。

精简语言

小就是大。①

一般来说，成年人会使用太多或太大的词语来解决孩子们的问题。我这里澄清一下，并不是说要和孩子交谈时摆架子或者过于简单化。我说的是成年人经常过度解释、过度与孩子沟通。他们使用对孩子无效的词语，并尝试将这些词语与成人经验联系起来。简单地说，练习这项技能的一个技巧是提出更多问题。在解释或说太多之前，先看看孩子们知道什么。

你**了解**与你交谈的人吗？如果答案是"没什么了解"，那么你更好地表达自己并倾听他们发言的好方法就是了解他们。即使大街上随便一个路人，你也会知道他一些确切的事情，然后我们可以猜测、假设，并判断一些事情。你总是（或通常）知道为什么你需要根据适当的语境与某人交谈。他正在问我方向，我正在教射箭，他正在读你的"米兰达宣言"（Miranda Rights，即保持沉默的权利和拥有律师的权利），等等。有时你会知道一些基本的东西，比如他们的名字，年龄，他们是否和朋友在营地，等等。然后，我们开始猜测他们的皮肤颜色、性别、口音、身高、步态、衣服、习惯、行为、言语、眼神以及其他人在阳光下可以观察到的一切都具有特定含义的信息——这是偏见和歧视的根源。作为营地辅导员和地球上最酷的人，我们不能否认所有这些事物都具有其消极与积极的意义，我们需要认识到我们对其的感受。就像本书开头的故事一样，很难认清并掩饰情绪的状态非常糟糕，你只是假装不存在。无所事事绝对不利于成长，为此，一定要认识这种感觉。一旦你认识并能正视它，你就可以努力改变或证伪了。

所以，现在你明白当你在足球休息时试图与一些营员聊天时，会遇到什么，

---

① 出自赛斯·高汀《小就是大》。

发生什么情况了。你需要做的是提出更多问题、了解他们在营地之外的样子：有什么喜好、兴趣、朋友、音乐、学校、父母以及任何事情。这会使你的谈话变得更容易，使你能练习大量的其他技能，最重要的是，你会成为一个讨人喜欢的营地辅导员。

小伙伴马尔科姆……

几年前的一个夏天，我有幸带过一个名叫马尔科姆的孩子。他是一个非常典型的 8 岁小孩，他的特别之处在于**他知道怎么取巧**。"取巧"的意思是他能以一种不可思议的方式来说出成年人想要听到的内容。现在你们可能已经带过这样的孩子了，但是马尔科姆有一种能力，一个特殊的天赋，他有一种奇异的力量。在一期的第一或第二天，他的辅导员向我寻求帮助。说马尔科姆总是推其他的孩子，行为失控，而且谁的话都不听。根据这位辅导员的说法，他已经**"尝试了一切"**让马尔科姆听话的方式。那次，马尔科姆因为分歧打了另外一位营员，所以被罚不许参加活动。这位辅导员做了每个辅导员最终会做的事情，出动终极武器，也就是我。其实我并不特别，也没有特殊的权力，但我是营地主管。营地主管常常和校长或父母一样。有的孩子觉得有些人不是**真正**管事的，就会瞎闹；但遇到真正管事的人时，则会安静下来。马尔科姆肯定知道我就是真正管事的。

"这是怎么回事？"

"没什么。"他断然回答道。我几乎可以看到他在动脑筋。斯科特要做什么呢？

"为什么你只是坐着？"他转过身来直视着我时，好奇地问道。

"因为你也只是坐着。想聊聊？"我回答说，同时观察他的肢体语言。

"我只是站在那里，他……"然后他就开始忙了，又解释，又讨论，又思考，又辩解，又指责，等等。

我希望故事就这么结束了。不幸的是，这变成了一种模式。几乎每天，他都会好好开始新的一天，在活动过程中闯祸，到了下午或者傍晚，就和我坐在一起聊天。有时我们会一起走走，有时我们会坐着。我很快注意到，他知道该对我说些什么。

"好吧，我可以生气的，但我不可以打朋友。"

"我想用红色标记在墙上涂鸦是有点过分，下次我再那么难过会找辅导员的。"

（下面这句话是我个人最喜欢的——我已经将其转变为了一项行为管理技术。）

"我知道！我的名字标签是红色的！红色意味着停止！下次我感到难过时，我可以低头看看我的名字标记，并记住要停止，然后想一想有什么更好的选择。"

马尔科姆很擅长和成人对话，他知道该说些什么。当我让他明白我真在倾听和尊重他有自己的想法时，他改变了自己的行为。一旦他知道他可以信任我，我看上去或听起来不像其他成年人时，他终于开始真正倾听他自己的话。

讽刺语言收效甚微

我不想承认，但事实如此。我喜欢讽刺，我还喜欢咒骂，但我知道这两点对孩子毫无成效。遇事时咒骂，比较引人瞩目，有时候也比较畅快。我不知道有些词汇为什么在成人世界里就变了味儿，但如果你了解我，你会发现我不接受"**因为就是这样**"或者"**传统如此**"这样的借口或解释。此外，我们需要为孩子**树立榜样**。这里的榜样指的不是老旧的性别模式或者历史上人种的藩篱或者资本掌管世界后耀武扬威（好吧，这里我用了一些大词儿，需要理解一下）。我说的是最基础的礼貌，例如，吃饭的时候要闭嘴咀嚼，别讲脏话；不要乱碰脏东西，也不要乱碰别人的东西。你懂的，这些都是基本礼貌。

讽刺略有不同。成人世界多数时间完全可以接受讽刺，并觉得非常合适。而且，如果方式正确，讽刺也会很幽默，对方也能够听懂。但不要对孩子使用讽刺，这是考虑到他们的大脑还不能理解。人的大脑中有一套执行思想的流程，也被称为深思熟虑后做出选择和决定的能力。基本上，它可谓是大脑中的警察，告诉你行为的所有后果。显然营员还没有开发出这种能力，辅导员也刚刚开始开发。我不是医生（虽然我妻子是，这并不意味着我说的是正确的），但我猜同样的过程可以把大脑中消极尖酸又刻薄的讽刺转变成乐事。孩子们无法理解因果关系。但我猜有的人会想，**"可他们似乎理解了。他们嘻嘻哈哈的，也会开玩笑，有的话甚至听起来很讽刺。"** 是的，你100%正确，只是他们的理解方式和成人不同。对孩子而言，讽刺并不是友好积极的社交润滑剂和亲近的方式，而是非常负面的、讨厌的语言。有一个典型的例子，孩子们使用单词或模仿大人的行为，但不太了解如何使用，或应该做些什么。这就像一个学龄前儿童说脏话。除非他们的父母或看护人经常说脏话，将脏话用于语言虐待，否则大部分时间小孩说脏话会完全脱离语境。所以，如果你取笑一个营员的短裤，其他人哄堂大笑，那个营员羞怯地微笑着说**"闭嘴吧你"**时，要记住你刚刚有些刻薄，但营员会认为他们就该那样相处。

"我"的陈述句

我相信大多数人都听说过关于"我"的陈述句，你可能也参加了一些关于如何解决冲突的研讨会或培训，培训师让你练习进行"我"的陈述句。我尊重"我"的陈述句，但我对其的理解方式有所不同。不要误解我的意思，使用"我"的陈述句很有价值，它们在论证过程中能让人冷静。"我"的陈述句将每个人的焦点都放在它所属的地方，即他们自身。通常，"我"的陈述句有助于论证和争论。为什么是这样？因为在这些场景中，我们需要尽最大的努力才能维持自己的人性。是什么样的分歧让人们感到自己如此伟大，以至于他们可以超越人类的限制，进而可以改变

> 这就是为什么我非常反对打屁股的原因。**我从未见过或听说过一个成年人在他们平静不生气时打孩子屁股。**这是一种惩罚，几乎完全是因为成年人生气。当你因为生气打孩子屁股（或者说打孩子）时，你正在教他们打人是一种处理愤怒的方法。但这即使在监狱里都是不对的。它教导的东西是错的，通常是无效的。

另一个人的思想、情感还有行为？"我"的陈述句实质上是让你记住，除了理解自己的感受，破译自己的想法，改变或重复自己的行为，你无能为力。"我"的陈述句限制了你所属的领域，因此我坚定不移地尊重和遵守"我"的陈述句。就像以下例子一样。

不要那么做！你惹恼我了！（非常复杂，潜在的假设＝我可以改变你）
当你……我真的很生气（我就是这样，你能做些什么呢？）

生气毫无效果

是的，我写这样的东西很有趣。如果你了解我，或当我和孩子在一起的时候你也在场，就会知道如果我只支持一件事，那一定是认识并证实感情。此处我想说，通过大喊大叫、砰地关上门、呼喊别人的名字等行为来表达愤怒的这些行为对于孩子、成年人或其他任何人都无效。这并不是说你没有生气或者孩子不会做事惹你生气，现实恰恰相反。重点是找到方法来应对这些感受并成为孩子的榜样，用健康的方式释放情绪。例如，你有没有听过一个成年人告诉孩子，"**先思考，后行动！**"或"**说话之前先想想**"。我相信你一定听过。但你有多少次看到或听过一个成年人自己这么做呢？我从未见过一个成年人生气后还能成为榜样。我们假设成年人在行动之前就会思考，并示范营员正确的做法。正确做法的步骤如下。

1. **退一步**
2. **深呼吸**
3. **用冷静的声音说**："我现在感觉（某种消极的情绪），大家伙儿……"

你刚刚示范了孩子怎么做，有效吗？你认为孩子真的意识到你生气了吗？如果你的脸看起来很生气，你说出你的不快情绪，并用冷静的声音说出一些感觉词。是的，他们就知道了你很生气，他们也知道你并不可怕。因为你以身作则，示范了如何进行自我控制。

记得微笑！微笑的人更长寿

营地锦囊

你说的大部分内容都是**非语言**的。

微笑和**目光接触**能让孩子清晰了解你是谁，你的意思是什么。很多人只需看脸就能识别你的感受——你的面部信息和语言信息一致吗？

记住，能改变你的信息的因素有很多：你的身体是封闭的还是敞开的；你面对他们的方式；或他们面对你的态度；和他们坐在一起时，用或不用**双手传递信息**。

倾听很容易，只需 ESP（目光接触，微笑点头，理解复述）提出好的跟进问题，这可以让说话的人进一步思考他们刚刚说的话。

使用自己的语言时，要记住**与孩子使用不同**的词汇，
好记性不如烂笔头，

只有**了解对方的相应信息**，谈话的内容才会更加清晰，
讽刺对孩子无效，
生气也是无效的交流方式。

不要一直讲规则！

你有没有带过一个先前从未见过攀岩塔的孩子，站在营地的攀岩塔旁？他们马上能了解到很多信息：塔很高，你能爬上去，爬上去需要很多辅助工具，比如头盔和绳索。他们也知道规则，也许不了解全部规则，可能不了解规则的具体细节，但是他们了解大致规则。如果你要问，他们会告诉你有关安全的事宜，比如绑在绳子上就不会掉下来。孩子们知道规则！你无需使用攀爬塔来验证这一点，任何其他活动也可以。事实上，把孩子们带到人行道边上，看看路，然后问他们："在路边玩耍的规则是什么？"会有一群孩子大喊大叫着告诉你规则，更重要的是他们还会告诉你后果，如果你问问孩子，他们会尖叫着告诉你被汽车撞击或被绑架的血腥细节。活动和规则存在的目的是让他们思考他们应该做什么，而不仅仅是他们不应该做的事情。

举一个例子。我在一个营地餐厅里对约40名顾问进行培训。餐厅的一部分位于二楼，在二楼餐厅可以俯瞰泳池。这个游泳池很浅，所以游泳池的规则之一就是"禁止潜水"，我确信这条标语张贴在了儿童能看到的地方。就像大多数游泳池一样，这句话也用油漆喷在泳池边上。然而，这个游泳池的规则采用了营地的方式进行展示，所以字与字之间没有空格，是"禁止潜水禁止潜水禁止潜水禁止潜水……"四个字循环围绕泳池，很可爱，很有营地风。我请大家到窗台边看泳池，问他们，"你们想到了什么？"大多数人一致说，"要潜水。"我宁可他们说，**"先跳水试试。"**

鉴于孩子们大多知道规则，但仍然忽视规则，为此，成年人需要做一些不同的事情：不要谈论规则！**谈论期望**。你期待什么？包括孩子在内的任何人都可以遵循指示或遵守规则，要实现这点的唯一方法是指示或规则必须明确，已知，具体。集中注意力并想想你的期望是什么，这样更容易清楚地沟通。这真的只关乎你怎么表达出来。

"所以说，如果你对游泳池边的孩子喊，'嘿！别跑！'你觉得他会怎么想？"

——基督教青年会营燃烧箭营地主任，比尔·辛顿是的,就像餐厅里的成年人一样,孩子满脑子都想着"跑"。比尔的观点非常棒,为什么要给孩子们灌输这个想法,然后因为他们做了而生气呢?事实上,孩子和成年人之所以都喜欢这种伎俩,并不是为了恶作剧,这只是你大脑的工作方式。跑步,游泳池,等都是一项项的事务,你的大脑自有其回忆、记忆和表达事物的方式。**否定**是一个过程,这个过程表明句子中的词汇发生了其他变化,或者与其他事物共同变化,或者与其他事物相悖,等等。如果我岳母写这篇文章,她就会拿出铅笔写句子给你看。因此,当你的大脑听到"不要思考"或"不许做"或"你不能"时,它必须首先考虑听到的话,然后尝试理解你所要求的过程。举一个很好的例子:

不许想红球。

这时,你的大脑中发生了什么呢?大多数人都说,他们立刻想到了一个红球,然后很快就想,"好吧,不要想它",并采用某种方式来分散他们对这种讨厌的红球的想象。当你下达指令,指示或规则时,要理解这个原则是具有实际意义的。

如果我给出下列规则,你知道这属于哪项活动吗?

1. 不要把手放在滚烫的蜡中

2. 不要混合各个颜色

3. 禁止打闹

4. 一个一个来

5. 不许剪断绳子

也许那些试图阻止孩子(或其他人)在制作蜡烛时将热蜡放在手指上的少数人幸运地知道这是什么,但大多数人都毫无头绪。当你听到"让我们重新审视规则"这句话时,通常你会知道该怎么做。但不幸的是,语言总是带来相反的效果。活动,游戏,各种项目以及我们与孩子一起在营地做的所有事情,这些可不是不许做的事情。要像这样,说出你想做什么!

转变你的语言,这一技巧涉及两大原则。

1. 积极陈述规则

2. 问许多许多问题

积极陈述规则和事物可以把大多数"不应该做什么"变成"应该做什么",就像你可以告诉孩子,"只许把烛芯放进热蜡里!"让孩子们思考你想要他们做什么，而不是不许做什么，而且要最大限度地减少我们对孩子滥用最多的词语——不，停止，不要。问问营地辅导员，有时他们完全不了解这一点。这些话真的不再那么有意义或有效了。大多数时候，成年人都在用这些词语给孩子们下达指令。但如果你希望孩子听话，就说些不同的话。考虑一下改变张贴在宿舍，活动区域或某个地方的规则，看看你是否可以把"不许做的事情"转变成"可以做的事情"。这样不仅仅会改变孩子们的情绪氛围，还能改变他们的行为举止。看下面这个例子。

闪电狗公约是他们的宿舍规则。他们在营地的第一个晚上一起提出了这些规则，然后所有人都签字同意该公约。宿舍里都是 11 岁和 12 岁男孩，其中大多数第一次在营地过夜。当然，在整个过程中，伴随着很多粗俗的笑话，也产生了很多人体废气。事实上，这项协议每一项规则的制定和完善，都离不开这些恶趣味。**安全第一**，这条规则的提出就是因为一名营员放屁，他旁边的营员说："啊啊啊啊啊啊，他要杀了我，他放了臭气弹，想把我臭出去！我要写规则！不要互相伤害！"于是营地辅导员回应说，"很好！是的，互相伤害很糟糕！这条规则很棒！安全第一！大家只可以在安全距离放屁。"后来大家确定安全距离是在大厅的尽头，屁股朝着角落。然

闪电狗公约
（2007 年摄于蜻蜓森林营地）

后另一个营员马上爬起来到门边把门关上，"天啊，那个臭弹熏得我枕头都要臭了！"这位机灵的辅导员回应说："这也是一个规则吗？我们需要尊重别人的空间和东西。只在外面放屁！"然后他们继续讨论，直到得出了一个可遵循的规则列表，保证大家能够幸福生活。

如果用积极的方式讲事情，特别是制定营地活动规则，你应该怎么告诫他们破坏规则的后果呢？这就是**提问环节**可以问的问题。很简单，问问每个人应该做什么，应该记住什么，为什么要这样。询问应该记住什么的另一种方式是询问"**规则**"。孩子们通常都知道大多数规则，所以问问他们有这些规则的原因，让他们思考。多用 5 分钟讨论活动，如果是艺术活动，询问不同的想法；如果它是一项

运动，询问不同的运动方式，如果是射箭，请问队列的第一条命令是什么……对于你给出的每个规则或期望，都问问"为什么？"大部分时间他们都知道后果或原因，这将使你有机会确认他们的想法，并添加自己的想法。孩子和大人的表达方式不一致，现在让我问你一个问题，你认为以下哪个版本的陈述对孩子来说更为有效？

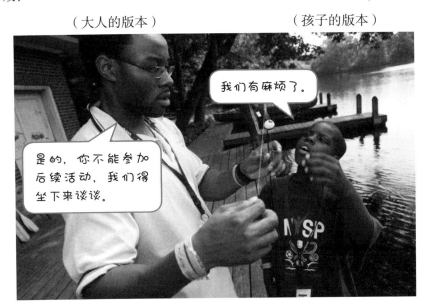

尤腾奇·尤太科和营员（2007年摄于蜻蜓森林营地）

当然是孩子的版本。明确地说，我认为成年人对规则和后果进行具体说明，这是非常恰当和重要的，但孩子的版本在讨论而非说教的语境下更有意义。如果你能用孩子的语言来表达成年人所说的内容，它肯定更清晰。

"我们有麻烦了。"

这意味着：

"是的，你有麻烦了，不能参加活动，只能和我聊聊。"

孩子们应有机会做出决策，并拥有"规则"的制定权。既然他们明白大部分规则，为什么在制定规则时不询问他们呢？这样他们对规则和后果会更有责任感。提出几个问题并积极肯定地重述事情，这实际上给了营员对自己和他人的选择负责的机会。不过这并不意味着他们会在遇到麻烦时主动承担责任，有的人甚至根本不会承担责任。事实上，如果他们马上承担全部责任，通常意味着发生了其他的事情。制定规则只是为他们奠定了更广泛的基础，让他们了解遇到麻烦后如何改变自身的行为。我从来不明白为什么有的成年人认为孩子们会说这样的话，"**好吧，如果这样做会让你惹麻烦，下次你该怎么做呢？**"如果成年人从未真正与孩子谈过他们的选择意味着什么，以及如何控制自己的选择和行为（无论好坏），孩子们怎么能自己做出那种改变？重要的是给他们练习的机会，这样当他们面临某些情况时才能够自己解决。这样他们才会说，"唷，是我的错"，并且真正理解他们伤害别人的感情是一件一点都不酷的事情。

"或许，我们应该……"

不要一直讲规则！

1. 问问我们应该做什么。
2. 问一下我们应该记住什么，规则是什么。
3. 问一下原因。
4. 用积极肯定的语气陈述一切。

所以，这些年培训辅导员和其他工作人员时，我一次次地重复同样的技巧。问问题似乎是营地辅导员的一项基本功，还好我们有很多机会练习。练习问问题的原因在于，这是许多其他技能和复杂想法的基础。比如解决问题，教授责任，

问问题的要点

甚至基本的互动和社交。提出问题会让孩子们批判性地思考，表达自己的想法或者说出自己的想法。如果你想成为一名出色的营地辅导员，请多提问，最好问了以后也回答一下。当然，能不能把每个事情都变成问题呢？我的意思是，即使没有标点符号和书面文字的帮助，你能不能在最后通过提高你的音调，来把陈述句变成问句呢？因此，提出问题的另一个挑战是提出足够好的问题，问题可分为很多不同类型。

是/不是——来到营地兴奋吗？

开放式话题——你对营地有什么了解？

修辞式问题——你知道哪些特别有趣的营地？

你应该知道答案的问题——嘿，你认为餐厅在哪里？

愚蠢的问题——（问已经有过营地经验的青少年）你想参加露营之旅吗？

逻辑性问题——你认为营地每天都会发生什么？

最好，提出让营员们思考的问题，让他们多表达。

小贴士

优秀的营地辅导员知道，如果统计一下与营员交流的内容，问题要比答案多得多。

给事物取名

我喜欢给事物取名，这在日常生活中非常有用。只要你想，它可以帮助你达到目的，帮助你和别人打交道。取名字和贴标签之间的平衡非常微妙，取名字是个棘手的活儿。尽管两者都有同样的目的，但标签往往被认为是负面的，会带来耻辱。

注意力缺陷综合征（ADD）和注意缺陷多动障碍（ADHD）——由你决定？

标签有很多含义。这些标签在露营和青少年发展方面尤其引起争议。标签是否有助于营地辅导员了解营员行为，并制定更好的策略，还是会使营地辅导员形成偏见，并降低对营员的期望？你可以不停地训练，教育和感受，但事实是标签就是主观的。我们无法解释一些简单的事情（比如我们对蓝色的体验），那我们怎样才能开始解释像注意力缺陷综合征这样的标签给人带来的主观体验？

> 就像我们可以说所有杂志封面上瘦骨嶙峋，浓妆艳抹的模特不是我们理想的美的文化形象。实际上女性很少是这样，但是广泛传播的文化信息却认为美就是这样。

给事物取名字也可能会影响人们对事情的预期。这关乎人们的期望，以及人们达成期望的期待程度（无论结果好坏）。

聪明与勤奋

下面是一个很好的例子，说明我们有时通过给事物取名字向孩子传递信息，却不考虑它们的真正含义。有许多研究者讨论了孩子们如何学习以及他们的动机，研究者认为当孩子们周围的成年人期望很高时，他们会做得更好，这并不是什么新闻。但我认为可称为新闻，并且对成为营地辅导员具有直接影响的一点是，使用非常具体的词语能起到同样的作用。在最近的几项研究中，研究者让孩子们做数学问题。一组孩子在成功完成每个问题后被称为"聪明"，而另一组孩子被称为"勤奋"。在完成所有测试后，研究者发现称为"勤奋"的孩子做得更好。意义相似的实际单词具有不同的词源，这意味着每个孩子都可归因于不同的特质。一方面，聪明只分两种：聪明或不聪明。很多人不同意，但我不得不承认这是事实，我指出了我们的文化对"聪明"的感受。另一方面，勤奋则是每个人都可以

> 关于性别的一点注意事项。男孩们很难说出自己的感受，除了生气，愤怒，沮丧，烦恼，等等，男孩往往情感词汇不足。作为营地辅导员，我们经常需要让男孩（和一些女孩）发挥创意，让他们说话，然后了解他们说的内容。

做到的事情，你可以做得越来越好，还可以练习。因此，那些被称为勤奋的孩子在遭遇失败时，更喜欢挑战更多问题或探索新的解决方案。核心观点是，我们需要赞美孩子在任务、活动、问题或行为上的投入，帮助他们建立自我意识，让他们明白重要的是努力而不是结果。①

所以回到命名感受这个话题。我之所以需要继续上述观点，只是为了澄清同样的问题也会发生在情绪的表达上。我坚信与孩子一起工作的成年人需要帮助他们取名字，管理他们的感受。事实上，我认为这是我们可以为孩子们做的最重要的工作。

（不要这样）小贴士

承认并证实

承认并证实营员的所有感受都是真实的。每当营员说他们有某种感受，承认这种感受，并找出这种感受的名字，将这种感受与他们因此而做出的糟糕选择分开。（更多内容可参考"办妥了"部分。）

"生气是可以的，但因此打朋友是不对的。"

做到认同他们的感受并让他们体验这种感受，这比听起来要难。多数成年人一直使用单词，短语和肢体语言告诉孩子们，"你的感觉是错的，你应该感觉这样！"我知道这听起来很疯狂，但你有多少次听过一个成年人对一个眼泪汪汪的小孩说"你很好"，或者对一个午饭后一个小时就抱怨饥饿的小孩说"你不饿，我们刚刚吃过了"。有多少次你看到有人听到小孩讲自己的感受或刚刚看到的东西后，充满怀疑地翻白眼假笑？这些都是直接和间接地告诉孩子，你比他们更了解他们的感觉。成年人通常认为他们理解孩子的意思，或假设孩子难以清晰表达自己的意思，但记住这些只是假设和猜测。有时我们太过激动，以致于忘记了每个人都有自己的感受。

作为专业的营地辅导员，我们都希望对营员和他们的感受表现出真诚的共情。但是，你并不总是完全了解营员或其他人的真实感受。当你试图表现出对他们和他们的处境的共情时，你的措辞需要更具体些。

---

① 今日心理学（*Psychology Today*）杂志，1997年9月/10月刊

好像是……

这样感觉（情绪词）是正常的，你感觉如何？

我之前感觉到（情绪词），这很难……

那一定感觉差极了……

你看起来很沮丧，你感觉（情绪词）吗？

这些措辞都是表达共情的好方法，同时也不会显得你居高临下，趾高气扬。**"我知道你的感受"**和其他类似的句子可能会有点自命不凡的味道，我的意思是你可能知道他们的感受或你能够理解他们，但如果你没有通过问问题让他们解释，那你怎么会**知道**他们的感受呢？

我知道提到这一点似乎过于复杂，有点愚蠢。但是，有一个技巧你值得拥有。这不只是听起来自命不凡，而是排除掉你是成年人的预设（这个预设往往会指向错误的案例）后，为营员和孩子开发一种完整的交流方法。要给孩子和周围的人带来真正的力量，花点时间思考你使用的词汇及其含义。换言之，你自己的预设越少，他们越能感受到被倾听。

营地锦囊

不要讲规则

1. 问一下我们需要做什么。
2. 问一下我们需要记住什么，规则是什么。
3. 问一下原因或原理。
4. 用肯定的口吻陈述。

讲讲你的期待

给事物**取名字**非常有益，尤其需要给情绪和感受取名字。

当营员告诉你他的感受或体验时，你需要**承认并反馈**这些是真实的。

这是我人生中最美好的夏天

——2007年蜻蜓森林露营

营地关乎营员和营员，营员和工作人员，以及每个人和他们的环境（有些人还认为包括员工和员工，这是一个副产品）之间的关系和联系。询问任何一个长期待在营地的人，甚至一些第一年来的营员或工作人员，他们都会告诉你，他们回到营地的原因是朋友、活动和辅导员。这些东西基本上是关于群体的。你所属的团体（宿舍或双层床），你认同的团体（朋友，活动，特别节目），你不属于的团体（工作人员和营员的），等等。创建一个伟大团队，并成为其成员需要在开始就做好工作，并指导团队向目标前进。

前五分钟技巧

"你知道具有这个特点的宿舍是好宿舍，有一种良好的氛围，你能感觉到是哪些特质吗？我怎么才能做到这样？"

——2006年阿尔冈昆营地工作人员

任何经历的前五分钟都会发生很多事情。无论我们是否意识到这一点，任何事情的前五分钟通常都会为后面的大多数时间定下基调。

到达营地的第一天。让我们思考一下营员的体验。在大多数居住营中，营员到达时发生的第一件事就是他们与他们的行李分开了。他们带来的一切，让他们感到舒适的一切，帮助他们在夏天生存的一切，都会在他们抵达营地后立即从他们身上取走。他们会收到几个笑脸，和很多人握手，互相介绍，然后被带到下一个"值机站"，同时一直有人保证运输人员会把他们的东西送到宿舍（他们那时甚至都不知道自己的宿舍在哪）。在某些情况下，他们会办理登记手续，交出救生药品，填写一些表格，拍照，同时会有人问他们，"**那么，营地哪些地方让你**

兴奋呢？"和"今晚我们有意大利面，你喜欢意大利面吗？"

最后，会有人护送你，给你一张地图，指明正确的方向，或者只是偶然发现你的新家，新的"父母"和所有新的宿舍伙伴。最好的情况是你的行李物品就在那里（或者一直在你身边），并且有一位非常酷的辅导员陪你聊天。在最初的几个小时内，你会被要求换上泳衣（在每个人面前脱光换衣），这样你就可以参加游泳测试了（我们是在营地还是在学校？）。我们会在健康中心停留，让护士检查你的头皮是否有虱子（你知道另外一个像这样检查的地方是监狱吗？）……到这时，我们甚至还没有吃饭。我不是在批评某些营地，很多这样的安排都是有充分理由的。我只是说每个营地都有自己的文化，而前五分钟可以为每个营员奠定合适的基调，让过渡阶段更容易。

第一次谈话

这不是常见的第一印象课程或讲座。我希望你真的想想作为营地辅导员，如何开展与你的营员进行第一次或最初几次的谈话。这是奠定你基调的时刻。这些时刻是什么样的？

这有点像信任背摔的开始，你问，"**你们准备好了吗？**"

大家集体回应说："**是的，准备好了。**"

你问，"**往后倒吗？**"

他们回答说："**倒。**"

你真正想说的是，"**你们能接住我吗？**"

"**当然！**"他们回应道。

"**真的，说真的，能接住我吗，我真的可以信任你们吗？**"你怯懦地问道。

"**当然可以，我们能接住你，我们鼎力支持你！**"他们安慰道。

这和你与营员在前几次谈话中的情况非常相似。无论他们多大了，有多少朋友，参加营地活动多少年，这都没关系。这些话关于他们的宿舍，活动，他们的朋友和辅导员（特别是去年的那些人），但在语言背后，他们真正说的话是，"**我会安全吗，我会有朋友吗，我会喜欢这里吗？**"

你告诉他们活动相关的事宜，告诉他们这是世界上最好的宿舍，这实质上在说，"是的，你会！"

当他们紧张地转向整理他们刚刚认识群体的社交地图时，他们会问，"**真的吗？**"

你会微笑舒气，直视他们的眼睛说："**是的，我们鼎力支持你！**"

第一次谈话很容易被带偏，所以你需要非常了解正在发生些什么。我相信你会留意到其他孩子往往会带跑话题，因为毕竟这是他们最初的五分钟。在最初的几分钟内，你需要大量的时间和精力关注周围环境，和营员好好相处，父母也会成为谈话时的话题。然而，营员的父母可能很快就带偏了第一次会话，你甚至不知道他们在说什么。有时他们被称为**直升机父母**，这些成年人对于孩子们应该体验的任何事情，都像直升机那样徘徊，然后猛扑过去。在营地的最初几分钟，他们往往以一种非常奇怪的方式表达自己。营员的父亲或母亲（或者更糟糕，父母一起。）试图成为自己的孩子。他们不知道他们正在这样做，他们肯定无法察觉，但基本上他们都在试图替他们的孩子扮演"营员"的角色。他们回答了应该由孩子回答的问题。

"**嗨！我是斯科特。我是一名辅导员。你叫什么名字？**"

"**我叫弗雷德。我们非常高兴能来到这里！**"

他们帮营员整理床铺，他们找到营员的小储藏间或储物柜，往里放置东西，他们询问并关注"我们"在营地做什么，他们解释了"他们"对营地的最大担忧，他们询问"我们"会吃什么，这样的例子不胜枚举。有些父母并不是直升机父母，也不会试图扮演自己孩子的角色，但也可能会问相同的问题。并不是说这些都是错误的问题，有时孩子们在最初的几分钟内不害羞，很活泼。但如果你遇到一个这样的人就会发觉，他们似乎**不能**允许自己的孩子问问题或回答问题。这看起来强势又怪异。

我通常使用眼神直接接触，清晰的肢体语言（如弯腰或蹲伏），以及一以贯之的"孩子优先"的方法来努力避免这种情况。当你自我介绍时，先把手伸向营员。如果父母一方决定替营员回答你或其他营员提出的问题，请将问题重新转回营员，要有礼貌。与营员父母互动时应向他们询问更多的成人问题，例如：**"听起来你在来之前已经谈过很多关于营地的事情，你是不是在小时候去营地？"** 保持礼貌，但注意你需要把信息传递给营员，他们才是你的首要目标。

知道他们的名字

对于那些不擅长记名字的人而言，我知道这是一项困难的工作，但你可以作弊。你可以在宿舍标志的背面做一个清单，制作一张 3 厘米 × 5 厘米的卡片，在手上写下名字，做点标记，这样当你第一次见到每个营员时，你可以借此叫他们的名字。没有什么比叫人名字更热情的了。这是一个即时的信号，告诉营员他属于这里，他处在正确的地方。然后你可以尽可能多地叫他们的名字，帮助他们坚持下去。还可以通过玩记名字游戏，或提出很多问题，将个人特质、故事和个性与每个人的脸和名字联系起来。

第一次谈话的 2 个重点

介绍大家

这是一项非常重要但却极少讨论的技能。有趣的是，这并非出于某种常见的原因。通常情况下，成年人不会提到一些事情，是因为他们缺乏对孩子的同理心。比如说孩子们害怕黑暗，成年人会理解，同情，并帮助解决，但这不是他们在工作人员培训期间讨论甚至可能提到的内容。然而很多孩子都害怕黑暗，特别是在营地，因为他们原来不会在树林里睡觉。不同之处在于，大多数成年人却一直在努力介绍自己，介绍的很充分，这种情况并不罕见。

你有没有和朋友在某个地方见过他们认识但你不认识的人？他们开始聊天，但忘了向你介绍，你会感觉如何？**尴尬**，几乎每个成年人都有过这种经历。我们都会忘记立即介绍他人，而孩子们在社交方面的能力更差，他们无法巧妙地处理类似情况。让我告诉你成年人如何处理这种情况。

那天晚上，我的好朋友博哥和我在酒吧待到打烊。我当时刚回到北卡罗来纳州的阿什维尔，一个我留恋的地方。当时正好是两期营地中间的休息时段，有一个晚上我可以和老朋友们一起出去玩……我们到木头杰克酒吧听着拉尔夫之子乐队（Sons of Ralph）的曲子，喝着盖尔麦芽酒。不知不觉已经凌晨两点了，蓝草音乐只剩袅袅余音，酒吧招待和我都喝得大舌头了，是时候回家了。鉴于酒吧已经关门，我们都喝了相当多的成人果汁，所以我们明智地决定走回家。在回家的路上，博哥遇到了他一个朋友，我不认识。他们互相打招呼，我们三个站在人行道上，气氛略有尴尬，于是我等着博哥介绍。5秒，7秒，10秒……什么都没有，没有介绍，没有寒暄晚上的事情，也没有我可以自我介绍的时机，甚至没有"对了，这是我兄弟"的肢体语言，以让我参与聊天。那我做了什么呢？自信又成熟的成年人（我）转向左边的店面窗口，假装在窗口购物。那是凌晨 2 点，我喝酒喝得轻飘飘的，但在那个异常尴尬的时刻，我能想到的最好的策略却是半真半假地比较橱窗里各个香炉的不同。

孩子不像我们，没有处理这种问题的应对策略，当然，我也不确定喝啤酒和假装窗口购物是否能称为一种应对策略。孩子们要经历的事情中，有无数会让他们没有安全感的时刻，马上介绍他们互相认识能够消除其中的一大部分。

建立常规和时间表

从小组聚集的那一刻起，就有必要建立**常规**。常规取决于营地和活动的类型，但需要强调、突出、重复的事情都是一样的。你是怎么做的？起床，准备，吃饭，唱歌，玩耍，换场，签到，休息等在营地做的所有事情都可能与孩子们在家里做事情的方式不同。为此，辅导员一开始就要通过创建指示信号、习惯和常规流程，以此来确定处理事务的**方式**。

你早上做什么？大多数人都有相当规律的清晨习惯。我的是喝热饮，快走（或喝咖啡，遛狗），营地快走是什么样的呢？

你需要准备好面对大量不同的常规事项，举一个监督的例子。

如果你总是与团队或宿舍里的营员在一起，并且你负责监督这个小组，那么你需要了解一些基本技巧。我会尽快同其他辅导员一起建立例行常规，这通常通过小组活动先建立相互依赖的角色和分配责任，然后发起回应或唱和欢呼达成。为什么？因为这些常规中的每一条都满足了我在任何时候都可以知道每个人位置

（也就是监督）的需要。

以下是几个小组活动和小组游戏的例子。

- 传统计数，要使用字母拼写单词（而非阿拉伯数字）
- 站住或造房子
    - 让他们在不使用任何道具的情况下摆一个群体姿势（或者不做这个，改为造房子）；
    - 然后让他们不许动并记住他们的位置；
    - 每次你说"站住"或者"造房子"的时候，他们都要马上摆出这个姿势；
    - 这一口令仅适用于营地辅导员，最好是让他们在稍微不那么合适的时间进行，如在餐厅，升旗或降旗时，公告时间，或其他人说到某个关键词或短语……这会非常有趣！
- 打电话——通过耳语，传递消息
    - 他们能以多快的速度完成任务？或多慢的速度？信息有多准确？
    - 一位辅导员可以翻译另一位辅导员的消息吗？
- 人群结——所有人站成一个大圆，每个人双手向前并抓住另一只手（别人的手），然后小组在不松手的前提下解开所有的结。

相互依赖的角色和责任是指孩子们全天在营地可能有不同的工作，如他们需要清洁用餐的加料斗、营地区域、活动区域，等等。重点是将每组的责任分配给团队或小组，你可以尽情发挥创造力，让他们工作时需要彼此（例如：一个人打扫，另一个拿着簸箕），任何让他们互相帮助的工作都很好，重点是让他们学会对彼此负责。如果你能让孩子们习惯思考其他人的位置，那么当有人失踪时，很多人会很快发现这一点。

发起回应，唱和欢呼等活动对建立常规有不可磨灭的贡献。这可以帮助建立营地的文化。你可以让孩子们活跃地参与开放日，确定每天营地的情况，这还有助于创建群体身份。如果有疑问，即使孩子不知道要去哪里，也可以跟随他们听到的歌声前进。

你有没有听过营地歌曲《红色小马车》（*Little Red Wagon*）？如果有，你可能有点生气，因为我相信你用了好几个月的时间忘记这首魔性的歌曲。如果你还没有，那么我想向你介绍这类歌曲。我不确定这种歌是否有曲调，因为它的音量会越来越高。它有点像芝麻街头说唱，需要对方的回应，是那种"跟我唱"的重复风格。

你不能骑我的小红色马车！

（到你了）

前排座椅坏了，车轴在拖动

（到你了）

咔嚓……咔嚓……咔嚓（任何风格都可以）

（到你了）

（大家一起）

第二节，与第一节相同

声音更响亮！

（每一轮唱都被标记为下一节，第三节，第四节，以及无限多节）①

了解时间表可以使营员感到有控制权，这是一个奇怪的现象。无论你是否实际控制，似乎对接下来会发生什么了解越多，感觉就越舒服。在营地，孩子们在一个非常陌生的环境中做着非凡的事情。所以你一定要给他们稳定和控制的感觉。不一定要泄露秘密或惊喜，但一般来说，营员应该了解时间表，知道日程安排。给出时间表，给每个人一份副本，讨论要做什么，询问他们认为接下来会发生什么，以及为什么，等等。有时手里拿着一个时间表，你就能平静下来。在行为管理中，放在口袋里的时间表对解决营员想回家的问题和目标设定方面有极大的用处。这能让你整理自己的期望，你必须自己做好准备。我们谁都不喜欢意料之外的事情，有些人甚至不能接受惊喜。

吉尔伯特（Gilbert）在《幸福的绊脚石》（*Stumbling on Happiness*）中说，我们这样做的原因之一是因为我们能够想象。也许是因为我们大脑先进的前额部分，让我们拥有想象的能力。无论如何，正在发生的事情使大脑处于持续的**"后续"**模式，大脑会制作完整的图表，并且填上它认为接下来会发生的必要信息。如果大脑从未处理过这种情况，不知道应该提供什么信息时，你认为会发生什么？它可能做出了最好的猜测，但我个人认为很可能是焦虑的猜测。我不是医生或人类

---

① 在此简单介绍一下丹尼·普加隆（Danny Pulgaron）——他是我见过的唯一一位唱或者说是喊"红色小马车"，以致嗓子哑了的（可能是在第40遍的时候）辅导员。

学家，但我的猜测是我们进化了这种"后续"功能，以便我们可以猜测或想象在哪里可以找到食物，以及在哪里老虎会吃掉我们。鉴于此，引起焦虑的因素是有意义的。你可以告诉他接下来的活动，帮助营员的大脑降低焦虑感。本质上，你是在对他们的大脑说，食物在这里，我们摆脱了老虎。

因此，谈论和查看时间表能帮助营员为将要发生的事情做好准备。即使不知道是否应该害怕北极熊，参加营地前怎么打包行李，或者如何做出好吃的鸡肉，至少他们知道这些事会发生。

与日程表相关的是**过渡**的概念。过渡是指一群营员从一件事转向另一件事的过程。记住，过渡是一个过程，几乎就像活动一样。人们在结束或停止某些事情前需要提醒。他们在开始某事或去新的地方之前也需要提醒。如果没有适当的提醒，营员将很难准备好进行下一个活动，或遵循指示，等等。设想一下，别人不是提醒你

活动过渡期间是营地事故发生率最高的时候。

而是呼来喝去的：该吃饭了！这个结束了，那个开始啦！这种情况下，大多数成年人都坚持不了 5 分钟。孩子们就更加崩溃了。对于学龄前儿童，如果你没有给他们足够的时间让他们结束一件事，再开始另一件事，你绝对可以看到他们变得混乱崩溃的样子。我看到孩子们因为没有完成某件事而直接崩溃，甚至熔断了一根保险丝。年龄较大的孩子有更好的方法来处理它，但"**更好的方法**"也可能意味着不遵循指示，比如推搡他人，等等。因此，当你过一天的流程时，请确保活动安排中始终有 5 **分钟模式**。注：任何年龄段的人都很少关注实际时间。无论你团队中的营员多大年龄，4 岁还是 40 岁，5 分钟对于他们意味着马上，但不是现在。

开始了解

组织一些游戏和活动，让营员放松相互了解，如破冰游戏、名字游戏、团队挑战、团队建设计划，甚至只是扔飞盘也可以。这不仅仅是在刚到营地的 5 分钟，而是在每个小组体验的开始，你应该让孩子们参与类似的活动。活动、游戏和运

动能帮助孩子发展不同的身份,并认可自己属于大集体。除此之外,如果你了解他们的相关信息,你就会更容易认识他们。

参与

这个想法可以适用于营地的一切。我经常告诉营地辅导员,让营员积极参与营地活动的首要策略是辅导员自己积极参与。我并不是要求你必须尽最大努力赢得比赛,或造出最快的松木德比赛车。我们的目标不是助攻,我们射击时不必一定击中靶心,做的首饰盒不一定非常好用。做一些你不擅长或害怕的事情。这不仅是树立榜样的好方法,而且还可以减少营员的竞争压力。

关于竞争

记住营员们只有12岁左右。当你刚刚开始一项活动时,很容易意识到这一点,也很容易做到,但是一旦你开始玩,就很难控制。人们喜欢竞争。更糟糕的是,竞争几乎成功侵入了人们生活的每一个方面。我们婴儿时代起就有早教机构来仔细检查,后来在班级、课堂,到学校,乃至生活中的各个方面,我们不断地进行竞争和审查(就像"**不让一个孩子掉队**"只是标准化测试的代码一样)。为了使孩子们保持兴趣,他们需要被推动,被挑战。但要记住,培养**孩子**可能是成年人最难完成的任务。

有些方法可以使营地的竞争性降低,比如很多营地都在提倡**共赢**。我认可这个方法,但这显然是不现实的,你可能不知道,孩子们总是会计分,他们知道谁**真**的赢了。所以还有一些方法可能是:

1. 一次进行两场比赛。同一场比赛在同一个地方进行。如果你在一场比赛中出局,你可以参加另一场比赛。这避免了竞争性游戏中真正的糟糕部分——要么无所事事,要么脱颖而出。
2. 当有人出局时,他们必须加入另一支球队(这是由躲避球游戏引申出的做法)。

3. 得分或计数方式不同。例如，如果在足球比赛中你拿走了进球，并将每次传球数作为计分。最终得分范围在197~232。虽然依旧会有人取胜，但意义不同。
4. 玩非竞争性游戏。
5. 在吃饭时宣布谁失败了而非谁获胜了。
6. 真正改变奖励和惩罚制度的事情，都已经与竞争相辅相成。

确定营员了解基本信息

想想就知道，要发现什么是营地生活的基本信息可并不简单。这里的基本信息指的是马斯洛（Maslow）的需求理论，是让所有人保持安全、快乐的东西，而不是某个人的晚餐这样的具体内容。必需品包括食物、衣服、居所、关爱、睡眠、卫浴设施和基本保护。因为营地的实际情况与营员原来习惯的环境有所不同，文化差异也很大，所以你需要在这方面做出额外的努力。营员通常不会问你一些直截了当的问题。因为他们来到营地，远离父母，本身就是为了变得更加独立（这至少是其中一部分原因），所以问"**我去哪里上厕所？**"就显得太幼稚了。然而，营员必须知道厕所的位置。事实上，作为一个成年人，当你在机场，新校舍或新办公楼时，你首先发现的是什么？无论你是否意识到，你首先发现的都是厕所。如果厕所不在宿舍内或团队所在的地方附近，请提醒大家或介绍这一情况。这有助于缓解营员的焦虑，尽管他们不会说自己焦虑。

食物也是一个重要的问题。对于住宿营的大多数营员来说，这已经成为一个大问题。他们不习惯这里的食物，无论你服务的是什么样的人群，他们都不会习惯营地的食物，也不会习惯于营地的日程安排。更进一步说，他们不习惯营地所选用餐时间背后的社区、家庭内涵。在营地的第一天、第一顿饭之前，辅导员需要花时间与营员谈谈后续安排，比如餐厅或用餐区不够明显或非常偏远，甚至可能需要走过去。当我说告诉他们后续安排时，我是指告诉他们营地的膳食方面的细节。风格是家庭式或自助餐厅？需要在外面等待到被邀请时才可以吃饭还是直接进去坐下吃？直接吃还是有一定的饭前仪式？吃饭的时候会不会有突发情况？如即兴唱歌、唱和、宣读通知、召集活动、活动注册、会议，等等。怎么打扫卫生？

怎么离开餐厅？诸如此类用餐的环节。请记住，营地的饭食能让人充分感受营地的魅力，所以过一遍流程可以让营员了解营地的秘密，换言之，这能让他们更加认同自己是营地的一员。这非常重要。

自从我参加营地活动以来，这个问题变得越来越困难。在80年代和90年代期间，我们目睹了社区和家庭文化的巨大衰退。我没有关于这一说法的统计数据，可能不准确，但因为我在80年代长大，我的感受就是如此。我小时候骑自行车不用戴头盔，去公园也不用人监护，"我的空间"通常指的是地下室。克罗克特和塔布斯也玩得无法无天。那段时间和现在不一样。家庭晚餐是我们的日常活动，我家附近的大多数孩子和我的大多数朋友，大都默认回家吃晚饭。即使我家里常以苏格兰威士忌取乐，我们仍然每天晚上6点聚在一起吃晚餐。现如今孩子们在营地吃饭时都跑掉了，是因为很多家庭不再一起吃晚餐了。我正在倡导一起吃营地晚餐，但要预先警告，孩子们都反抗这一点。

衣服和营员的行李物品也很重要。在5分钟技巧这一小节中，我提到了很多营地几乎立即就把孩子的东西拿走。这有时是必要的，但我们需要了解这一行为在最初的几个小时内对营员会造成怎样的影响。所以，在搬入新宿舍或者融入小集体时，部分营员也需要营地辅导员的帮助。我们都做到了。要是你第一天到新办公室，或是上学的第一天找储物柜，第一天或第一晚住在新公寓或房子里，你也会需要帮助，甚至我敢说，你来到营地的第一天或晚上同样需要帮助。但你总算是住进来了，自己铺床放东西。我给赫比找了个窝，它是一只毛茸海龟，10年前我妻子送我的。它陪我在全国旅行了大约6次，几乎全世界都去过。它让我想起家的感觉，让我感觉周围环境非常舒适。我可是个成年人，也需要这些，营员们就更需要时间和空间来让自己感觉舒服。每个孩子都是不同的，让他们感到舒服的东西也不同，但他们自己的东西绝对会是一个很好的开始！

居所是一个意味着安全的地方，无论你是否在那里睡觉，它可以保护你免受大自然和外界的影响。有趣的是，营地试图从两个方面重新定义居所。**作为一个社群，我们人类害怕自然**。听听那些否认全球变暖和环境恶化的言论。没有什么比你无法理解又相形见绌的力量，更能让你产生不安全感，因此，人类总需要证明自己。所以他们进行科学争论，讨论我们究竟有多少控制能力。事实上，我们害怕自然和变化（尤其是它威胁到我们舒适和便利的生活时）。我们积极远离这些，这对我们尤其是孩子们产生了深刻的影响。因此，营地是孩子和成人可以与大自然建立更亲密关系的最后一个地方，这是营地体验如此强大的原因之一。居所和保护的意义相辅相成，浑然一体。在过去的几十年中，人类居住的社区发生了奇怪的变化，这种变化是因为我们把社会变得更像是远古时期的采猎社会。换言之，我们不再了解我们的邻居，社区可能多种人口杂居，大家素不相识，人员迅速流通，我们害怕彼此。比这更深入，我知道马斯洛的需求理论基于心理学理论和进化过程，但我们此处讨论的是营地宿舍中的12岁小孩在第一天就会出现的问题。当你满足他关于在一个安全、温暖的地方睡觉并保留他的东西（即居所）这一需要时，你也将他置于一个非常不同的环境中。他自己是并不确定的，他从来没有在邻居家借宿过，也没有把他的牙刷和其他孩子放在同一个架子上。这使我们更有理由建立居住规则和期望，确定个人空间，以管理生活空间或集体区域（对于日间营而言），并向每个营员保证，尽管这和住在家里不同，但它很有趣。

关爱就是你做的一切事情。事实上，无条件的关爱就是你所做的一切。有的人对这个词不满意，或者他们对关爱的定义看法不同。我这里讨论的是对营员的关怀，尊重，同情和责任。这些感受的关键以及营地辅导员对营员的这种态度是**无条件的**。每个人都需要被爱（正如本书所定义的），被接受，并成为群体的一员。但是，在大多数情况下，大多数人的关爱都是有条件的。学校小组的成员是流动的，很多父母或监护人只有在你说了或者做了某事后才会给你关爱或关怀。这听上去很可悲，但却是事实。营地辅导员是地球上最酷的人，原因之一是他们会无条件地给予营员关爱，这也意味着营员无论做什么都不会改变你的情感。你可能不喜欢他们做的事情，但你仍然喜欢每个营员。

这种关爱也需要群体成员的认同。每个营员都是该群体的重要成员，没有他们，这

> 注：有很多新的大脑研究讨论了青少年的大脑及其特别之处。请继续看下去。这与血清素（serotonin）、其他脑激素及其与睡眠和唤醒周期的相互作用有关。实际上，研究发现青少年的大脑更适合熬夜晚起。是的，这是真的，研究表明他们的大脑确实如此工作。安排营地计划时要考虑到这一点。

将会是完全不同的体验。当你在一开始就尝试带小组时,请记住这一点。你如何**展示**对每个成员的关爱和接纳,将会对他们需求的满足产生巨大影响。

睡眠是个好事情。没有睡眠,一切都变得糟糕。营员和辅导员在营地期间都迫切需要睡眠,睡觉是优先级第一的事情。在营地不要打扰营员睡觉,除了非常特别的夜间活动,这一时间是神圣不可侵犯的。次优先级的事情则是保证有充足的睡眠时间。我不打算列举关于睡眠的时间或数字,每个人情况不一样,尊重你自己的生物钟。认真思考一下如何安排自己的时间。我们都明白不按时休息结果会怎样,但我不会批评这一点。考虑一下吧。

保护也在需求清单之内。营地辅导员需要为营员提供特定的保护。根据定义,营地是一种社交体验。无论是**适者生存**(社会达尔文主义),还是仅仅模仿周围大多数成年人的糟糕案例,孩子们的社交方式非常困难。在营地,孩子们终于可以做自己,事实上,他们在营地中这样做通常会受到赞扬。营地是世界上唯一一个你越独特越真实,就越酷的地方。保护这一点。孩子们在其他地方都没有这样的体验。不要让孩子被戏弄或被挑衅。尽你所能鼓励、理解和联系。要保护并歌颂每个营员心中的北极星。①

小组

营地的每个人都属于某一个小组。这是营地最重要的特征之一。本节讲述了一些促进小组体验的想法和建议。然而,有一种技巧看起来似乎不大合适,与构建稳定小组的想法相反。这便是给予每一个个体关注。作为营地辅导员,你的工作就是**帮助每个孩子获得集体归属感**。因此,要在营地生活中构建积极的团队动力,最好的技巧之一就是关注

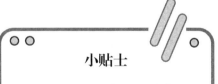

小贴士

团队中的每个营员每天都应有5分钟的时间和你一对一相处。让这5分钟庄严起来!

---

① 北极星这一所指相对模糊。北极星通常指的是你的引导星或方向。我指的北极星可参见 www.northstargirls.org 北极星能改变世界!

每一个人。每天至少有 5 分钟的时间和他们相处，给予他们尊重。我知道你作为营地辅导员的生活是什么样的。从起床的那一刻起一直到深夜，你一直在快速地走动。你在营地辛辛苦苦地工作，所以我要求你把小组放在首位。对于你们中的一些人来说这可能意味着要有创造力。

作为一个庞大营地的主管，我面对的最困难的事情之一就是与员工（我的团队）共度的时间。有几个夏天，我每天管理大约 1000 人，其中包括约 250 名工作人员和约 750 名营员。这个数字单单看起来也很吓人，但是在这个特殊时刻有很多人在辛苦工作着。我敏锐地意识到营地中原来的主管和普通工作人员之间关系紧张，与员工保持真正联系、建立个人关系至关重要。起初我像疯子一样跑来跑去，一直说来说去的。一两个星期后，我意识到我只是反复和几个人说话，他们看到我过来，都不想和我讲话了。与此同时，我也意识到，那些手头满是挑战性很强的工作的员工（宿舍营会发生这种情况）很少得到我的关注，所以我想出了一个办法。你注意过白板的底部吗？不是背面，而是在纸张和写字板下面的部分。是的，那个没有贴纸或胶带的奇怪的地方，看起来很干净，最后我在那里贴了一张方格纸。我把营地辅导员的名字列在左边，把整个夏季的日期列在上方。下方我加上图例，突然之间，我知道我应该花时间和谁交谈，和谁相处，解决什么事情了。

只要快速看一下，我就可以了解一些事情。本有很多棘手的事情，嘉莉和我交流较多，诺兰比较安静，西尔维娅很可能是我朋友。有了这份表格，我可以在每天、每周和每个课程结束时评估我和谁相处较多，和谁相处较少。就像辅导员期望与他们的每个营员都能共度时光一样，我相信主管和经理都期望与他们的"**营员**"共度时光。对营地辅导员而言，你的小组可能是宿舍小组，日营小组，活动小组或班级小组等。发挥创意，想想怎么与每个营员度过一段一对一的时间。如果你需要制作图表，那就做一个，这能帮助你建立自己想要的小组。

	1	2	3	4	5	6	7	8	9	10	11	12	13	14
本·安布罗西诺（Ben Ambrosino）		−	−	−	−	−	/	/−	−	−	−		−	/
阿莫斯·希拉托（Amos Shirato）			+			+	/							
诺亚·柯兰特（Noah Courant）				/										
帕蒂·迪森（Patti Dizon）		−				/					+			
嘉莉·福尔摩斯（Carrie Holmes）				+	+		+	+				+	+	
西尔维娅·万默提（Sylvia vanMeerten）				+					+	/	/			

注："+"代表好；"−"代表坏；"/"代表一般；"/−"代表一般偏下

我不知道这部分内容放哪里合适。但这块内容很重要，需要引起注意，但同时我不希望这部分内容把书的主题变成讨论如何进行风险控制，或者如何应对娇生惯养的小孩。这部分的主要内容是与营员共度宝贵的一对一时光。这对他们自身发展，建立人际关系具有重要意义。但是，如果我没有在此提出附加的警告说明、免责声明或任何你想称呼的名称，那我就是失职的。注意，请不要因为和营员在私密环境相处而让自己处于危险的境地。我不是律师，但我可以告诉你。如果营员说你猥亵、使用暴力或以任何方式伤害他们，营地的其他人以及有关部门会站在营员的立场批判你。想一想吧，如果你是一个老板，有一个求职者曾在学校或营地等需要带孩子的地方受到过类似的指控，尽管事后证明是清白的。你会冒这种风险吗？我相信营地工作者是这个星球上最好的人。和孩子一起工作时，你会变得更好……保护好自己的安全，你正在改变世界！

关于保证高质量一对一时间的建议：

- 睡觉时间——一个一个向营员说晚安；

- 过渡时间——从一个活动走向另一个活动；
- 就餐时间——每餐坐在不同的人旁边；
- 伙伴系统——如果您的营地有伙伴系统，请选择不同的孩子每次都和你一起前往；
- 活动时间——每次都与不同的营员一起尝试玩游戏，做项目等各种活动；
- 空闲时间；
- 休息时间；
- 等待接送时间。

小组发展[1] 营地式：我们讨论营地时间时，怎么计算会有点模糊。对于那些从未经历过这种情况的人来说，某些营地能扭曲你对时间的感受。导致你一天感觉就像几天，一周感觉就像几周，一个月可能是一生。无论日程表如何，小组都按照类同的一般步骤或阶段成立发展。营地每个小组的成员都是不同的，形式结构迥异。营地工作人员，活动区的工作人员，合作辅导员，男性员工和女性员工，主管或行政人员，初级辅导员，老学校辅导员，计划员工，旅行人员，等等（这只是工作人员）。显然，团队一直有各种各样的变化。你只需要注意，特别是和营员一起注意这些变化。每个阶段或每一级别都有一些线索，引导你作为营地辅导员如何实现一次伟大的小组经历。

成立：小组成员聚集起来，进行初步了解并形成小组。成立时间往往在开放日，也许是第二天的上半天。你是谁？你和我如何相互适应？

攻坚：对领导力和小组结构的混乱争夺可持续几天。谁还能保持旁观的态度？每个人都在试图弄清楚他们将扮演什么样的角色，其他人扮演什么角色。这是一场小型的身份危机，如果他们是第一次到营地或在那里没有几个朋友，那么他们可以尝试重塑自己。他们是什么样的人？搞笑

---

[1] 最初由布鲁斯·塔克曼（Bruce Tuckman）于 1965 年提出，现在出现了一些变体，很难准确引用我获得这些信息的出处。

型或者运动型或者深沉型或者外向型或者内向型还是其他的？注意，女孩往往更加外向，男孩往往更加内向。了解这一点有所裨益，因为在宿舍或活动小组中，你参与领导和定义酷的方式，会影响孩子们实际的生活。你就是攻坚风暴的一员！

常规：最终我们达成了小集体的运作模式和长幼强弱次序。这听起来像委员会会议或其他类似的团体。花几天时间了解每个人，然后用一段时间尝试不同的角色（如领导者，小丑，霸凌者等），之后每个人都会适应他们的角色。这也是你看到男孩和女孩之间差异的地方。男孩是习惯角色，女孩则是建立角色，但扮演这个角色的人仍可变动（情况并非总是如此）。

表现：基本上是常规的延伸，进一步规范行为。这个阶段几乎持续到营地体验结束。每个营员都围绕他们在团队和团队中的角色创建相应的身份。

结束：这是解散小组或改变小组结构以便于继续前进的过程，但大多数孩子没有正确地做到过。事实上，塔克曼本人也是在提出小组发展假设10年之后才加入了这一阶段。要让孩子们结束他们的经历，开展一些结束活动是至关重要的。这样做的原因在于保证他们对团队有持久的积极情感和回忆。我知道你在想如果他们在营地过的不愉快或者被欺负过怎么办？你无法改变已经发生过的经历，因此，你应该尽一切力量阻止这样的事情发生，一旦发生，立即进行干预。在此，我想与你分享一个小技巧。大脑记住一段经历，主要是记住这段经历结束时的感受。大脑并不像计算机那样收集记忆中的经验，有大量的研究表明，积极或消极的感觉联想，回忆记忆时的态度等都能够操纵人的记忆。人类大脑不是直接将记忆拷贝到硬盘，而是根据印象，感受和特定的实例对记忆进行分类。如果你曾看过别人电脑上的文件，你就会理解我说的内容。人类分类文档的方式是基于他们自身与相关文档奇妙的感情联系。因此，当你问他们在大学写的一篇论文时，他们很容易告诉你论文在标有**"斯科特的旧文件"**的文件夹中。当你问这个看似容易回答的问题时，**"为什么它不在标有'大学'的文件夹中？"**他会简洁的回答说"大学"文件夹显然是关于大学招聘员工的信息。哈！重点是，如果你策划出一个很棒的结束活动，让孩子们能够回忆起他们所拥有的美好时光以及他们交的朋友，你实际上可以影响他们对整个经历的记忆。

这就是我在会议或营地发言时，总是试着用一个故事，通常是一个温暖模糊的故事来结束的原因。如果我能给你一个温暖的模糊时刻，哪怕你讨厌我的讲座。

你也会更容易记住我的讲座。

我不确定你需要记住多少小组发展阶段的相关信息，但你和你的营员自然会经历一些类似的周期和阶段，如果你能够掌握小组活动动态，你就能够拥有控场的能力。

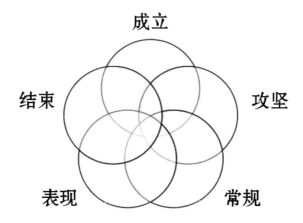

小组发展阶段（瑞恩·格林德尔绘）

你能做什么？ 如果你的小组在这些阶段，你可以参考以下想法：

成立

- 记住你的第一个5分钟技巧；
- 这包括你的"互相了解"活动，破冰活动，姓名游戏以及其他首日活动；
- 直视营员的眼睛；
- 询问他们想在营地做什么，并让他们尝试这样做；
- 每天通过不同原因将他们与宿舍的不同成员配对；
- 每个人都是谁？将你的营员介绍给"重要"人员，如厨师、主管、护士等。

攻坚

- 赋予小组职责；
- 通过集体性活动挑战小组；
- 为每个人提供同样重要的工作；
- 逐个了解每个营员。尝试发现每个营员的技能和优势；

这是我人生中最美好的夏天

- 开展活动，使每个营员都有机会领导别人；
- 支持营员尝试新的角色和身份；
- 务必重视平衡时间。

常规和表现
- 在组内建立秘密的握手动作、符号和标志等；
- 带他们过夜或冒险旅行；
- 为营员创造尝试不同角色（例如领导者和追随者）的机会；
- 切换职责。

结束
- 归还他们个人行李物品；
- 给他们一些能够记住营地的东西；
- 提供可供签名的物品，相互共享信息；
- 创建一个记忆牌或记忆板，留在营地；
- 结束活动：回顾和加工。

几年前，我回到了AGQ训练营帮助营地辅导员进行一些训练。当时涉及小组动力学和营地辅导员可以做的来促进小组工作的事情。我提到了卡琳曾经和她的宿舍伙伴做过的事情，她会拿一块布，把它剪成每个女孩的"头巾"。她没有在上面写任何东西，只是给了她们一块相当于织物废料的东西。我之所以谈论这个，是因为我觉得这是一种很棒，成本也很低的方式让每个营员都能记住他们的经历。我在讲这个故事时，一些女性员工咯咯地笑着交谈。最后，其中一个人举起手来说："我曾经在卡琳的宿舍，这3个人也是！"

"我们都还留着头巾！事实上，它们就挂在宿舍的墙上！"

营地锦囊

第一个5分钟发生的事情会影响到营员的整体体验。

了解他们的名字并立即介绍每个人。

尽早建立**日程**和**计划**,这样你可以控制营地体验进行的方式,并给予每个营员控制感。

始终处于"还有5分钟"模式,帮助每个人从一个活动**过渡**到另一个活动。

保持营员积极参与的头号策略是你和营地辅导员的积极投入**参与**。

确保他们**知道基本信息**,想一想自己在新地方感觉舒适的原因,他们知道他们需要了解的信息吗?

每个营员都是**小组**的重要成员,也是一个重要的**个体**——他们如何产生归属感?他们与你一对一的时间有多少?

狼兄弟
——在营地中秘密活动、伪装、讲故事

我和一群 8 岁的孩子以及一位初级辅导员行走于林间，寻找值得发现的东西。每年夏天，我会在某个午后的徒步旅行中带着我的宿舍成员前往溪流附近，在那里，我们会寻找新的地层结构和自然现象。"这是什么？"一位营员激动地说到。他看到一个带有软木塞的瓶子有一半浸没在天然泉水中。小组的其他成员迅速向他聚拢，我们意识到瓶子里面有东西。我小心翼翼地将瓶子从泉水中取出，并放到干燥的地面上。我们都渴望近距离观察瓶子。瓶子里有东西，我拔出软木塞并取出里面的东西，是一张地图！我小心翼翼地展开了这张脆弱的牛皮纸，纸上有一些奇怪的标记，但我们能分辨出这些标记是某个岛屿，图上还有一些小道，罕见的森林和一个字母 X。作为一名高级辅导员（当时 19 岁的我是营员中最为年长的），其他营员纷纷看向我，等待我破译地图的用途。幸运的是，我刚刚在大学里学习了人类学课程，并且知道如何翻译这些奇怪的标记。这是一门古老的语言，它可能是生活在这片地区的美洲土著共同使用的语言———一种叫做阿尔冈昆（Al-Gon-Quian）的语言！

"哦哦哦哦哦哦……这就是营地的名字！这就是营地的名字！"一位营员喊道。

"图上的这些标记。"我告诉他们，"这个看起来像一片森林，这个看起来像一条蛇……嘿，等一下，这些都是线索！"我激动地说。

"斯科特！斯科特！这是一个 X！这是藏宝图！我们发财啦！"一个营员大声说道。

原始的狼兄弟营地地图

当我抬头看到营员们的表情时，我意识到生机勃勃的氛围让营员们变得欢呼雀跃、激动不已。

我告诉他们，很久很久以前，当我像他们那么大的时候，一位辅导员曾带我探险过一艘位于岛屿周围的独木舟，据我所知，这是周围唯一的一座岛屿。

我破译了标记，并确定地图上有一个叫做动物岛的地方。我转向小组问道："你们想探索这座岛屿吗？"

我不确定是否曾听到过一句清晰的回答"**是**"，但我却听到了他们喉咙发出的咆哮声，这种强烈的情感不像是来自于一群8岁的孩子，但答案是肯定的。所以我们制定了一个寻找岛屿、挖掘宝藏的计划。

幸运的是，我知道岛屿的位置，所以唯一的问题就是如何到达小岛。我们坐下来理清我们此次冒险的必需品。孩子们列出了一份清单；上面列着多艘独木舟、一辆面包车、一些食物、一把铲子、一个指南针和其他必需品。在我们准备出发的那个小时内，我们并不知道冒险才刚刚开始。

路上遍布着岔路口，我们似乎将永远走下去，在走过几次弯路后，我们来到了湖边。下了面包车后，我们在岸边排成一排，望着眼前的小岛，我们的眼中既充满了希望，又充满了对未知的不确定。

"**伙计们，看看地图吧。有没有办法确定是不是这座小岛？你们认为我们在动物岛上吗？**"我满怀希望地问道。就在那一刻，两只秃鹰盘旋在岛屿上空，降落在最高的树上，俯瞰着它们的领地。

"**看！这是鹰王和鹰后！**"一位营员喊道。当我们回头看地图时，地图上果真有两只秃鹰，两只都戴有王冠！

我们大家一致认为来到了正确的地点。将独木舟装满了物品后，我们便启程前往小岛，去实现发掘宝藏的心愿。通过查看地图，我们发现第一条线索是乘船划过死亡森林。在地图上，此处看起来像是倒下的树木，而事实上，这是一个静止的水库，水面上还有些已经发白的死树。这些树木从湖底不自然的凸起，湖面上到处都能看到这些树木，有些则刚刚沉入湖里，已经静止。当我们开始划桨时，我告诉营员在这样的环境中生活着什么样的植物、动物等。我解释到，由于湖面上堆积着腐烂的树叶、木头和死鱼，我们无法判断湖水有多深，实际上，水面可能没有几英尺那么深！你几乎能够听见针尖掉落的声音（或者鱼在水面跳跃的声音）！他们对此一无所知，我只能将这些知识教授给他们。

下一条线索把我们带到了一片**无人沼泽**，这片沼泽像是绿色和棕色交织的厚厚的地毯。由于沼泽内遍布着各种生物和泥土，地图上将其描述为活着的沼泽。此外，地图上还讲述了之前的那些旅行者是如何被这片沼泽活生生吞掉的故事：沼泽不间断地扩张和包裹，慢慢地将人拉入深处。我们需要越过这片沼泽。我们带了一块木板，宽度可以容纳一人，长度可以容纳多人，正好可以将这块木板的一端搭在独木舟的一头，并越过沼泽中唯一的一块石头，最终我们到达小岛上坚实的地面。我们采取的方法是大家拿着所有的装备，既要维持独木舟的平衡，又要确保不能有太多的人同时站在木板之上。我们互帮互助，大家穿过这块像火线一样摇摇欲坠的木板。一个接一个的营员试图打破这一微妙的平衡，拼命地想要留在木板顶部。不知为何，总有人在翻倒前的最后一刻把木板放正。在我们成功着陆之后，我问营员们这是如何做到的，一位营员回应说："只要我们互相帮助，这很容易。"

完成。

上岸后，我们开始野营。这时正接近晚餐时间，但没有人想吃东西，这里还有宝藏在等着我们去发掘！我们按照地图上的线路出发，发现了形状像鱼一样的岩石，并沿着它指向的地方前进。然后我们发现了像箭一样排成一排的树木、像蛇一样蜿蜒的山脊、金字塔形状的岩石以及有洞的石头。我们讨论了密歇根州的地质和砂岩的种类，我们看到了天然森林和人工森林，我们讨论了风雨侵蚀，我们的娱乐活动中还涉及到几何、平衡和重量这些话题，我们一直在说说笑笑。

最后，我们将石头放在一棵树的第一个分叉上，这棵树一共有四条平行的分叉。透过石头上的洞口，我们看到远处有两棵倒下的树摆成了X的形状。我们距离宝藏很近！徒步穿过空地，我们来到了树林的边缘，地面上有一个石头砌成的X，我们开始挖掘宝藏。好吧，实际上，他们早就跪下来疯狂挖掘地面了。过了一两分钟，我让他们回来，我用我们带来的铲子继续挖掘。大约挖到一英尺深时，我们碰到了一个坚硬的木箱。我抬头看了一眼这些从探险一开始就热情投入的8岁小孩子们，随后弯腰将木箱从土里拿了出来，解开了禁锢着木箱的最后一道枷锁。我把箱子拖出地面，解开了木箱里的那早已陈旧腐烂的包裹。

包裹里有10个狼形吊坠，以及留给发现者的指示。指示告诉我们，我们是狼兄弟，是注定能够寻得宝藏并将其寓意公诸于世的人。它指示我们等到天黑时生火，我们找到了返回露营地的路，并耐心地等到夜晚降临。我们有强烈的预感，即将有大事发生。他们向我询问铭文的含义，想知道接下来应该如何准备。因为我不是专家，所以很难破译出指示中的确切含义，但第一组符号清楚地传达出某种"集体责任"或"关心集体"的观念。经过进一步讨论，营员认为这一指示明确地指出我们需要准备帐篷和晚餐。当然，我们在进行这些活动时，必须对彼此负责和"关心"。

完成。

下一组符号更易理解，符号中提到"我们诚实对待的事"或"说实话"。这着实让我们为难了一会。最后，一位营员问道："你们有多少人洗了手，刷了牙？"没有人回应。"当然。"他说，"我们需要诚实，做我们应该做的事！"这对我来说很有意义！

完成。

最后，指令中的最后一组符号谈到了"尊重"，也可能是"准备"，我解释说这些字与我曾经学过的那些非常相似。营员立刻宣称："我们必须为仪式做好准备，以尊重狼兄弟的精神！"

完成。

"听起来不错。但你认为这些符号究竟是什么意思？我们该如何准备？"我问道。

"我知道！我们需要画迷彩！我们应该脱掉衣服，在身上涂满泥土！"一位营员兴奋地表示道。

"好！指示中还说我们要穿的内衣除外！"大家一起冲向岸边，我还落后了。

我们正兴高采烈地用泥巴遮住自己时，另一个营员大喊道："枪！我们需要枪！"

"嗯。好吧，这听起来有点危险，拐杖怎么样？"我紧张地建议道。

"这个折中方案不错！"他说。

这还是我当初认识的那些孩子吗？

于是，我们全身都被泥土覆盖，每个人都带着一根拐杖。太阳西落，满月升起，我们围坐在篝火旁继续阅读指示。"我们是狼兄弟。"指示上说道，"在这里，我们既是一个集体又是一个家庭。保护地球是我们的命运,只有这样,所有生物才可以茁壮成长。我们每个人都受到这一神圣契约的约束,我们必须尊重地球和生活在地球上的所有生物。"

初读完这些指示后,在某一刻,我被狼兄弟的精神所吸引。它说它来到我们这里是因为我们是被选中的少数人,指示上说无论是过去或是将来,我们都是一家人。然后它给了我们每个人一个狼兄弟的名字。

狼兄弟营地(瑞恩·格林德尔绘)

你知道,在那个时刻,这个名字的确非常合适,它与我们非常匹配。当然,也是在那时,我对孩子们有了更深入的了解。我花了一些时间去了解他们的信息和性格。

稍后,我回过神来,和大家一起谈论了这次活动的意义。我们谈到了我们所处的世界,谈到了死亡森林对湖泊和鱼类的存在所起到的作用,生活在无人沼泽中的生命以及这些动物为什么需要那样丛林密布的环境。我们谈到了山脊是如何在侵蚀作用下变成了蛇形。最后,我们还讨论了为了完成狼兄弟的神圣使命,我们在营地和家中可以做些什么。过了片刻,一位营员站了起来,其他人紧随其后,我们一起走到了小岛的岸边。没有片刻犹豫,我们开始对渐渐升起的满月嚎叫,接受着指示赐予我们的东西,我们是狼兄弟!

10年后,我在营地的餐厅里进行员工培训,当我正在看笔记时,一位年轻的辅导员走近我,问我是否有1分钟的时间,我微笑着答应了。他紧张地将我带到门廊下，坐了下来。

"你还记得我吗？我是'熊的力量'。"他说道。

"什么？！"我吸气道，"你也是狼兄弟？"我难以置信，还有些震惊。

紧接着，他告诉我他也是狼兄弟，因为这是他在营地中做过的最难忘的事，这也是他现在又回到营地的原因之一。那一次的经历不仅让他树立了对地球和环境的主人翁意识，并让他认为自己正在做一件了不起的大事。他只想感谢我，告诉我，正因为狼兄弟那样的活动，时至今日，我仍在影响着营员的生活。这是一件小事，却为营员们的生活带来了巨变。

在营地中组织秘密活动、伪装和讲故事这些活动比听上去要困难。在我讲授一些方法技巧前，我需要谈一下想象力的丧失。以理查德·洛夫（Richard Louv）所著《林间最后的小孩》为例，这本书就好像我读到的大多数关于孩子、社会、文化的书，都提及了孩子创造力和想象力的丧失。星期六外出游玩的日子已经一去不复返了，父母或监护人在规划孩子的时间时，考虑最多的问题是做什么？与谁一起？耗时多久？最重要的是做这件事的原因或者这件事能给你带来什么好处。当孩子们可以自由选择做什么或玩什么游戏

秘密活动，伪装，讲故事

时，他们似乎更倾向于视频和电脑游戏，这些游戏可以集中他们的注意力，消耗他们的精力，慢慢地，他们的想象力也变得迟钝。当然，这只是对某一阶层孩子的刻板印象，有很多孩子并没有这些资源，但我猜想，在诸多与此相似的环境下，孩子们的想象力和创造力都受到削弱。他们不在小溪里建造水坝、他们不在树屋里做实验。当然，他们也不会在家周边闲逛。

我有一个理论，我称之为"资源与物品论"（Theory of Stuff & Things）。这一理论的基本前提是我们拥有的资源越多，越缺乏想象力。但这一理论的难点在于将这一前提条件反过来后却不完全成立。因为这一前提和事物的数量多少没有关系，而与围绕该事物创造出来的文化有关。有些孩子拥有的外物很少，但我们仍然发现他们的想象力和创造力急剧下降。也许更为贴切的表述应该是，现在的

文化是将事物看做消磨时间的东西，而孩子们均受当今文化的影响。你拥有的东西越多，你就会越开心和满足，这一理念在我们的文化中根深蒂固。这实际上是一种被动消费，可以说，我们的文化便是在这一基础上形成的。

去营地吧。营地是最后一个可以开发和培养孩子想象力、创造力和游戏能力的地方。

秘密活动遭到了误解。我认为这是因为它在营地中引起了一些严重的，而且往往是非常严重的问题。我并不是在鼓励恶作剧，突袭和开玩笑（尽管如果方法得当，这些活动将会很有趣）。当然，我说的也不是破坏财产或暴力行为。我在谈论的是秘密任务、秘密活动和恶作剧。我最喜欢的例子是《突击队的善意行为》(Commando Acts of Kindness)。我相信有很多与此内容相似但名字不同的书籍，这本书讲述的是一群偷偷摸摸给别人制造惊喜的人。他们给护士手写一张巨大的"谢谢你"卡片，将巧克力藏在辅导员的枕头下，帮医院里的孩子们记笔记，邀请主管参加一项特别活动，诸如此类，不胜枚举。在营地为别人做些好事真是棒极了，我强烈推荐这么做。该活动的初衷是通过秘密活动激发营员的想象力和创造力。营员们可以在一个安全的范围内打破常规，进行思考，这有助于培养他们的伪装能力。

孩子们躲在篱笆后面

秘密活动还可以帮助孩子制定正确的冒险计划。诸如夜晚出行、进入伸手不见五指的餐厅、穿过林间小路，甚至是进入没有护士的医院这样的活动，都为孩子提供了冒险的机会。面对现实吧，我们都应该这样做。你可能和我一样，对刚刚列出的活动清单心跳加速。冒险可以帮助我们发现自己能力的上限。我认为，在当今社会，我们正严格控制着孩子冒险的机会，实际上，这种做法剥夺了孩子正常参与冒险的机会。我们热衷于包揽每一件事，却忘记了我们的孩子就像花园里的植物。如果你让植物远离风的侵袭，当它们成熟时就会因为过度脆弱而死去。

孩子们目前只能从我们的经验教训以及我们告诉他们的信息中学习，但是，他们必须自己去实地体验，在营地进行秘密活动是个好法子。

秘密活动、玩耍和伪装也对团队产生了很大的影响。它为群体构建了一个身份，让每一个孩子认为自己正在参与一件了不起的大事。说到这里，你必须考虑到那些年长的孩子。当然，与更为年幼的孩子一起做这些事情更为容易，但对于年长的孩子来说，这些活动同样有效。偷溜出来、穿过营地到达谷仓，在那里有一片神秘的沙漠或其他极为有趣的宝藏，这对于一群14岁的女孩来说具有强大的吸引力。对于14岁的男孩来说，午夜时去餐厅为厨房工作人员写下**"你真棒"**这样的活动也极具吸引力。我们都希望自己是团队中的一员，如果团队中有这样的挑战或任务，孩子们就更容易明白如何融入到团队中。这就是它的有趣之处所在。

在营地中开展秘密活动的最重要原因就是它很有趣。如果营地辅导员的工作就是联系营员，那么我们将会非常重视这一过程中的趣味性。当我们打破普遍存在的社会壁垒，让自己站在孩子的角度，表现出幼稚有趣的一面，同他们一起玩游戏，一起进行秘密活动，一起进行伪装，这将非常有趣！

在营地活动中，我们有继续**冒险**的机会。冒险是另一种伪装方式，它可以增强一个故事的真实性，但冒险更具互动性，并且涉及角色扮演、移动位置等物理方面的因素。冒险活动以亲密的方式将每个人联系在一起，如果小组不同，冒险的方式也将不同。实际上，冒险的基本要素是团队的使命或目的。它可以像在徒步旅行中寻找某棵树一样简单，也可以像那些需要耗时一周，必须有线索、地图和侦探工作者参与的活动一样复杂。冒险的重点是让营员有机会获得某些东西，通过尝试，最终实现一个安全无害的目标。在营地里，他们甚至能够屠龙。

对于**年幼**的营员来说，埋藏宝藏，拯救世界，成为英雄并惩罚恶棍等活动仍然有效。年幼的他们可以轻松地融入虚构的故事中，而不用担心迷失自我。他们可以从一个简单的故事中学习和提高自己，就像他们从实际生活中学到的一样。对年幼的营员而言，通常情况下，在树林里散步和大声说出自己的白日梦就是一次伟大的冒险。

对于年龄**稍大一些**的营员而言，冒险活动通常需要与现实生活或真正的营地问题息息相关。可以是勘察营地中未被发现的区域、解释营地的地理成因、建造活动、种植活动或者进一步完善营地等活动。该年龄段的人通常需要一些有形的东西，一些他们看得到、说得出并有良好体验的东西。这个年龄段的孩子喜欢挑战，也喜欢获胜。我们需要为这些营员创造机会让他们去实现一些看似难以企及的、必须全力以赴的挑战。

对于**年龄更大**的营员来说，当冒险与成长的里程碑事件相关时，冒险最为有效。例如寻求独立性和同一性、成为领导者，以及对社交活动的不懈追求。他们的冒险经历可以是历史性的修缮项目，或者其他可以将他们与营地历史联系起来的项目，如重绘老旧的员工牌，记录当前的营地歌曲，重建营地中的历史遗址等。当然，在营地留下一些东西或能为未来播下种子，这是每次经历的重要组成部分。如果你所在营地拥有古老复杂的神话和传说，他们可以尝试将其记录下来。这个年龄段的人希望自己是集体中不可或缺的一部分，同时，也希望自己在集体中与众不同。

探险与冒险略有不同。探险是去其他地方，无论是在营地过夜还是在营地之外，探险的作用在于远离熟悉的事物，改变周遭环境。这充分体现了营员对差异、变化和一致性的同步需求。

无论理论还是实际，每个年龄组在进行探险活动时所需要考虑的因素各不相同。营员年龄越大，自理能力就越强。弄清楚需要准备什么，这本身便是一项绝佳的团建活动。探险使团队中的个人相互依赖，建立起一个有意义的群体。例如，在探险期间分配不同的工作（即抽水，生火，做饭，搭帐篷等）到伙伴系统，或者休息时间进入树林里的洗手间，这都创造了无数学习和提高的机会。探险通常用于营地仪式，许多营地都有针对不同年龄段的特殊篝火圈，或者根据年龄制定的一系列分等级的、逐步提升的过夜场所和特定旅程安排。这些都是具有一定意义或表明某种特权的仪式。

特别要提一提**仪式**。这一活动可以将冒险，探险和讲故事综合起来，也可以仅作为营地中的一项体验。可以肯定地说，人类进化到高级社会的方式就是让年轻人通过完成某种仪式，进而被纳入成人社会。无论是狩猎，在树林中度过一段独处的时光，还是出去收割庄稼，社会大都会为一个即将成年的年轻人提供某种仪式、体验或经历。这一重要的事件标志着他们进入了成年期。不幸的是，如今这类仪式已经越来越少了（好吧，无论如何，在美洲西部是这样），部分原因是人类的青春期扩展到了 30 岁。Jay-Z 在他的最后一张唱片中叫嚣"30 岁是新的 20 岁"。为什么？也许他只是想为他的歌曲设置一个卖点，但更有可能的是他指出了我们当今文化中产生的变化。当今社会几乎没有什么标准可以帮助人们判定他们何时成年，何时尚未成年。即使是我们当下正在使用的标准也开始模糊不清。我知道一些已经硕士毕业的人仍然住在家里！如果你真的放弃了这些仪式活动，那么我们与年龄相关的仪式将所剩无几，甚至这些仪式也会变得越来越没有意义。

16 岁、18 岁、21 岁、25 岁时会发生什么？

分别是驾驶，投票，喝酒和租车。是的，通常情况下，对于我们的年轻人而言，最重要的仪式（仍然有一些非常重要的宗教仪式）包括了投票和喝酒。最糟糕的是，这些仪式仅占整个文化的极少部分。来自贫困家庭或社区的孩子在 16 岁时获得驾驶执照了吗？来自弱势群体或少数群体的孩子可以在 18 岁时投票吗？中产阶级的孩子只有满 21 岁才开始喝酒吗？为什么驾驶对我们有如此强大的吸引力，甚至已经成为多数美国人成年时期的一个重要里程碑？这些仪式的瓦解崩塌是很荒谬的。仪式崩塌的后果是，孩子们不知道成年是什么，或什么时候才开始成年。而营地已经建立了一些非常独特的仪式，例如，适合特定年龄段的营地场所、CIT（辅导员培训）或 LIT（领导者培训）青少年领导项目、与年龄或能力相关的渐进式项目，甚至是你在餐厅中参加的热闹喧嚣的活动。乍一看，这些东西像是寻常的营地活动。但仔细一看，他们实际上是相当有意义的仪式。

并不是说非要通过特定的仪式或者特别重大的事情来满足这种需要。在基督教青年会（YMCA）风霜谷营地，营员和他们所在的村庄（年龄组）有着明显的联系。从波奇营到风歌营，所有的营员有条不紊地穿过村庄，以至于诸如"**需要在拉科塔再度过一个夏天**"或"**我待在萨奇营，而我所有的朋友都在塔科马营**"之类的想法都可能使营员面对营地时不够积极。午饭之后，营员会玩投环套物的游戏。大家开始高声吟唱欢呼，简直能与对阵沃尔登营地[①]的足球赛相媲美。从几个辅导员和若干营员开始，当 50 名 12 岁的孩子挥剑对阵另外 50 名 14 岁的孩子，而后者从楼梯上下来宣布投降时，气氛达到高潮，这是非常激烈的。事实上，我第一次观看这一活动时，发现自己必须坐下来观看才可以，因为这项活动使地板都开始晃动。风霜谷营地的营员和工作人员每天都要举行这个仪式。当你参与

---

① 特指我的阿尔冈昆营地大家庭。

这一投环套物的活动时，你就是一位英勇的骑士！

另一个很好的例子来自阿尔冈昆营地。在这里，我们为不同部落（年龄组）提供不同的营火点。营员可在任一营火点过夜或生营火，但每个部落都有一个属于自己的营火点。我们经常在开营前的晚上在篝火旁举行开幕活动。虽然这一活动并不像投环套物游戏的场面那样激烈，但它更受人推崇，且范围也更为广泛。两种活动都有助于创造一种文化，即为年轻人创造明确的里程碑。

佛罗多鸟
（摄于阿尔冈昆营地）

重点是需要在营地中多举行此类活动。因为孩子们在营地外的世界中极少能接触到此类活动，而此类活动正是帮助孩子成长的方法。

讲故事是最后一种伪装技巧，**讲故事**是一门艺术，我指的并不是说谎。故事往往都有些夸大其词，当我们回忆某些东西或想象一些潜在的事物时，我们的大脑天生会这样工作。我认为人们对故事的需求根深蒂固、与生俱来。自人类离开种群生活走向智人阶段后，基本上一直在以某种方式、方法或形式讲述着自身的故事。无论是象形文字、洞穴壁画、卷轴、图书馆书籍还是脸书（Facebook），我们一直都在讲述着我们是谁、来自哪里以及需要什么的故事。我们可以把在营地讲故事视为一项创建社群、发展人际关系和分享历史的活动。坐在篝火旁讲故事是很有趣的、它还可以成为营员个人成长、发展个性、表达自我、提高倾听技巧、建立自信和自尊的途径。当营员们真正做到了倾听时，营员们可能会逐渐形成自己的道德、价值观和信仰体系。这是了解因果关系，事件后果和可能性的一种方式。怎么强调这一活动也不为过，讲故事有益于心灵，故事让事情成真，故事让事情活了起来。讲故事可以让营地生机勃勃！

讲好故事肯定不像说起来那么容易。同其他事情一样，如果想讲好故事，就需要不断地练习。但故事的确是有一个基本结构的。我并不是专业的说书人，也没有接受过正式的培训，仅仅是依靠一些实际经验。我也不是英语专业的学生、老师或专家，但在我看来，一个好的故事需要符合下列的线性结构。

多数好故事都遵循这一模式。泰坦尼克号情况良好（故事发生前），冰山导致轮船出现巨洞（故事发生时），几乎所有人丧命于此，这其中包括莱昂纳多·迪卡普里奥扮演的那个角色（故事发生后）。为你的营地准备一个好故事吧，思考一些可以让你的营地独一无二的故事。如果你从未去过其他营地，可以考虑下列事件。

- 营地有哪些传统？
- 营地中是否有一些独特的价值观？
- 营地有何历史？
- 营地所在的地方有何历史？
- 营地中是否存在独特的事物、建筑或地方？
- 你在吃饭、过渡或其他时间中有没有经历一些独一无二、与众不同的小事？
- 营地中有哪些古老的传说或历史人物？

讲好故事的方法有很多。在营地中，我们也有机会鼓励并教授孩子讲故事。除了创造出乐于倾听的文化氛围外，鼓励讲故事的最佳技巧是提供一个特殊的时间，让营员们在这个时间内围坐在篝火旁讲述和分享故事（篝火是一个很适合分享故事的环境），开展小组讲故事接力活动（每个人需要从前一人故事结尾开始讲述新故事），以及让他们写日记或进行创作。

所以最大的问题是"你要去哪里？"，伪装活动需要物理上的移动。讲故事、探险或者冒险活动都需要一个方向。**请提前计划好！**

1. 确定好你希望营员能够体验到的活动，并思考本次活动的目的。是建立一个更为团结的集体？培养特殊的生活技能？举办一种有意义的仪式？还是出于其他目的？
2. 什么东西最能满足你的需要？应该准备什么样的冒险或故事？还需要考虑到不同的年龄组、时间表、本人的计划和准备能力以及你现有的资源，等等。

3. 创建一个有待解决的问题或尚未发现的秘密，思考故事、冒险或探险的要旨是什么？需要克服哪些障碍或挑战？有与社会相关的主题吗？能反映现实生活中的社会问题吗？
4. 考虑具体步骤，每一步发生在什么时候？
5. 寻求帮助，让别人参与其中，尤其注意向主管或其他领导寻求指导。
6. 开展活动和执行相关流程。活动后要开展讨论，通过谈论你所经历的和学到的道理，赋予活动一些意义。

破解创意代码

感谢你一直在阅读本书，可能会有很多人感觉上一章略有空洞。如果说有一件事能将所有技能、思想和技巧结合在一起，那就是创造力。许多人因为缺乏创造力而停滞不前，无法追求梦想或完成任务。**毕竟，创造力只有"有"和"没有"两种状态**。上述观点可能是营地顾问们说过的最大谎言。在我们的文化中，大家普遍认为有一些技能和长处是与生俱来的，领导力和创造力便是最好的例子。某些品质、技能等肯定会受到遗传因素的影响，但很显然，你需要接触一些东西才能不断学习提高这些能力。同时，这个谎言也令人欣慰。它使我们有足够的理由去责怪看不见的、强大的基因。

我们做不到是因为……
我没做是因为……
是的，但是……

"是的，但是" 是我们每次失败后都会用到的借口。克服此类借口的方法是提高你的创造力。创造力不仅仅是做一些全新的、闻所未闻的或者具有突破性的事情，也不仅仅是指艺术或音乐天赋。练习创造力的最好方法是把它分解成简单的步骤。在营地，你整天都在做许多事情。设计活动时，请尝试使用下面的创意效果公式。孩子们想做什么？他们的基本期望有哪些？会有哪些出乎意料的变故？该公式可以将常规足球赛变成需要4个队、1个方形场地、4个球的终极足球赛，将自然徒步旅行变成一场寻宝游戏。

期待
+
变化
=
创意效果

射箭

基本期望＝瞄准目标射击

变化＝罗宾汉玻璃游戏（射击目标物上逐渐变小的气球）。

篮球

基本期望＝篮球规则

变化＝闪电（在罚球线上排队，按顺序开始投球，目标是比身后的人先进球，反之则被淘汰出局）。

降落伞游戏

基本期望＝玩球

变化＝鲨鱼攻击（每个人都坐在降落伞下面，有鲨鱼在降落伞下面，救生员围着外面转，摇动降落伞开始游戏，当一条鲨鱼抓住你的腿，你喊救生员救你，最后的结果是，你要么被救，要么成为一只鲨鱼）。

"不扔石头"规则

基本期望＝禁止扔石头

变化＝击中那个东西（一个需要顾问监督的游戏，玩家需要以适当的方式从合适的方向将岩石投掷出去……也就是击中那个东西）。

你能改变哪些活动和游戏？

营地锦囊

通过伪装和游戏开发营员的想象力。

引领营员参加一次冒险或探险；

设计一项任务，提出一个挑战。

讲一个好故事

讲故事主要包括三步：故事发生前，故事发生时，以及故事发生后。

所有营员都需要通过仪式来认识你的营地和文化——他们能期待什么？他们的时间、精力以及投入是如何与你的营地匹配起来的？

创意包括考虑营员的期望并制造变化。

理想的营地辅导员

我曾在数百个营地中开展过同一项活动,这个活动叫做"理想的营地辅导员"。活动的基本理念是给小组成员们一大张纸和几支马克笔,随后让他们将自己心目中理想的营地辅导员画在纸上。唯一的规则是每个人都要参与,且纸上不能出现文字。无论你理想中的营地辅导员是什么样子,都要画出来。通过这一活动,我们得到了两份截然相反的营地辅导员素质清单,一份清单的内容是具有创造力、广受欢迎、振奋人心的。而另一份清单里的内容则是过于压迫的、可怕的、无法实现的。但我可以肯定是两份清单有一点是共通的,这些特质都与营地辅导员有关。

以下是营地辅导员们认为其他辅导员能够做到的事情以及他们应该具备的素质。

理想营地辅导员绘图(2006年和2007年)

有安全感、责任心强、有爱心、富有同情心、活跃、快乐、有魅力、热情、机智、有趣、乐于奉献、沉着冷静、灵活变通、不完美、有创造力、心胸开阔、耐心、诚实、关爱他人、声音洪亮、安静、可靠、温和、足智多谋、友好、自信、积极参与活动、对活动感兴趣、警觉性高、敏感、与众不同、幽默、多面手、独特、聪明、善于倾听、有计划、喜爱音乐、乐于助人、令人惊奇、能够换位思考、正能量、积极主动……

哎呀！我们如何才能具备以上所列全部素质？

看完上述素质，首先，我们必须面对自身的恐惧和不安感，**我们不可能具备上述所有素质**。听完后，你是不是感觉好些了？别给自己那么多压力，这项活动的目的并不是为了让我们成为具备上述所有素质的人，而是让我们发挥优势、补足短板。制作这份清单的目的并不是为了让你（或任何人）知难而退，认为自己不能成为营地辅导员，而是为了激励你成为更好的自己。请记住，这份清单来自你或其他与你一样的营地辅导员。在每一个参加过此项活动的营地，我都会让参加人员描述一下他们画了些什么。他们会告诉我图画的含义，随后，我便将其写入清单中。清单中的品质不是来自某一本书、一个理论、一位专家、一位顾问、一位导演或者其他地方，它来自每一位营地辅导员。他们知道这是你能够做成的事，这就是它出现在清单中的原因。因此，我们需要查看这份清单，并找到那些我们可以圆满完成的事（或者应继续坚持做下去的事）和一些只要我们稍加努力便能办成的事，我们应积极看待这项活动。这样做的好处在于，**现在我们了解了对彼此的期望**。

上述清单中的每一项内容，无论关乎素质还是行动，我们都可以称之为技能。它们是我们所做所说之事，同时也和某种技能一样，既有我们擅长的，也有我们一窍不通的。不幸的是，大多数人倾向于将这些技能视为你是否拥有的东西。他们认为这些技能是天生的，是基因中携带或者缺乏的物质。你曾抱过新生婴儿吗？我抱着他们时，从没有看出他们是否具有领导力。

领导力、创造力、性格外向以及清单上的其他内容都被划分到软技能一栏（如果我们把这些内容视为技能的话）。我不知道你怎么想，但在我看来，带领一群8岁的男孩参加长达4小时的活动、带着15个孩子在四五艘船上进行航行并在一个下午做120匹染布，这些都不属于**软技能**。无论别人如何看待这些技能，你必须意识到它们属于技能的范畴，是你可以通过练习变得更为擅长的东西。骑自行车、演奏单簧管、射击射箭和对身边之事保持敏感，这些技能都有一些共通之处，如果你不断练习、挑战自己并尝试从错误中学习，你就会更擅长这些技能。

真正的问题在于如何训练这些技能。与射门罚球或做数学题不同，像坚持不懈、灵活变通或思维开阔这样的素质，进步往往并不是那么明显，但万变不离其宗，我们是如何学习的呢？我们可以通过模仿他人的言行进行学习。事实上，人们对某个人的了解也仅限于他的言行。所以，从清单中选择一项技能，思考一下你在生活中遇到的或者听说过的某个精通此技能的人，并问自己"**我是如何知道他精通此项技能的？他们做过什么事？他们说过哪些话？**"这些问题的答案将帮助你准确地规划出你为了训练此技能，应该如何控制你的言行，你需要将上述清单进行分解，变成一个新的清单，并在其中列出可以通过训练最终获得提高的技能，练习技能的关键就是简化清单。在保持清单简化时，清单内容还应涵盖你每天练习的技能，以下是几个例子。

责任这一素质的含义是什么？画出这幅图片的调查对象对"责任"一词有其独特的理解，而且看上去很有道理。图片中的营地辅导员有一份营员名单、一个装满必需品的背包、一堆好点子、防晒霜、一个带有急救箱的腰包、一双闭趾鞋、一个用来照亮文字和道路的手电筒，以及一个灿烂的笑容！在我看来，这是一位很负责的营地辅导员。图中所列出的这些物品和事情，所有人在训练自己成为一名更负责任的营地辅导员的过程中都能做到，可惜的是，图片不能说话，我们大多数人没有时间或意愿将我们正在努力练习的技能画出来。因此，练习技能最简单的方法是提出问题并将其解决。

理想营地辅导员绘图
（2007年夏）

负责任的人是会做哪些事，说哪些话？

他们做些什么？	他们说些什么？
列出一份营员行程单	"我们和其他辅导员一起登记签到"
准备一个装满所需物品的背包	"我们需要的东西都齐了吗？"
在活动前涂抹防晒霜/防虫液	"再检查一遍你的鞋子"
有一堆好点子	"让我们检查一遍行程表"
通过游戏让营员报数	"如果需要帮助，请告诉我"

在我看来，符合上述清单的辅导员便是负责任的，这两个清单可以永远列下去。事实上，我们还有很多提高自己责任感的方式，但唯一有效的方法是细化训练责任感的步骤。仔细看过上述清单后，你会发现，几乎所有建议都是我们在日

常生活中可以说到或做到的。只要掌握了上述清单中的方法，便可以衍生出许多种练习方式。但"**有一堆好点子**"这个建议是唯一的例外。这也是大多数人陷入瓶颈、无法继续提升目标技能的原因。"**有一堆好点子**"既无具体含义，也无法练习。更糟糕的是，这种感觉会让人对软技能产生自满心理。技能必须是具体的、可以落实到我们言行中的，如果技能模糊不清，我们便无法找出提升技能的方法。如果一个人十分负责，同时他还是一个创新力强、善于倾听、可靠、有条理的人，那就太棒了，但想要达到这些素质又有何要求？我们需要将这些素质一一进行分解。

领导力

他们做些什么？
参加活动
欢迎他人的想法
根据反馈尝试使用不同方法
尝试参与新活动
微笑
想好备用活动和方案

他们说些什么？
"我们尝试一下……如何？"
"你是如何看待……的？"
"听起来，也许我们……会更好"
"我从未做过……"

有条理

他们做些什么？
清楚事情的进展
清楚物品的功能（用途）
列清单
精简清单
将物品贴上标签
将任务按照优先级进行排序
将物品放回原处
准备多个文件夹（而不是将所有事情列在一个大文件夹中）

他们说些什么？
"我知道这件事情的进展。"
"……的步骤是"
"我们首先需要做……"
"最重要的是……"
"我知道它在哪儿……"

有一堆好点子

他们做些什么?　　　　　　　他们说些什么?

大声说出想法　　　　　　　"我们尝试一下……如何"

欢迎其他想法　　　　　　　"你认为……如何"

根据反馈尝试不同的方法　　"听起来……会更好"

尝试新鲜事物　　　　　　　"我从未尝试过……"

将事情记录下来

可靠

他们做些什么?　　　　　　　他们说些什么?

将事情记录下来　　　　　　"请让我确认是否已经万事俱备……"

准时出现　　　　　　　　　"……前我可以完成此事"

明白日常任务的顺序　　　　"我知道接下来将要发生什么。"

将所有事情牢记于心　　　　"我不知道,但我们可以查一下……"

有一份营员的行程表

合理规划好时间

编辑后的理想营地辅导员绘图(2007 年)

热情

热情之人最大的优点是他们可以给他人带来活力。由于热情与激情和兴趣息息相关,因此,永远保持热情并不容易。然而,培养激情和兴趣的唯一方法是尽可能地去做一件事,并尽情享受这件事带来的乐趣。在尚未达到完美状态前,我们需要不停地练习。

他们做些什么?	他们说些什么?
边说边走动	"哇哦"
变换声速和音量	"太棒了!"
随意切换话题	"你曾在手工艺品制作活动中做过什么……"
快速参与到活动中	"这是我最喜欢的活动!"
活动结束后,懂得归纳总结	"我该如何帮忙?"
每次都进行不同的活动	"你能帮助我……吗?"
微笑	
讨论事物的优点和希望所在	
充足的睡眠、饮食规律和作息规律	

耐心

耐心的重要性不言而喻,但人们对此尚未予以足够的重视。在营地中,耐心是一项很重要的技能。几年前的夏天,我曾做过一项没有太多科学依据的研究,在夏令营开始前,我采访了之前经我培训过的一些辅导员。调查表明,耐心不足是3号营地辅导员最大的问题。然而,我至今没有看见过任何一份提到设立耐心练习和研讨小组的员工训练计划表。在我看来,耐心的两个基本要素是同情和兴趣。耐心需要我们了解对其他人或相关人员有益的事情。如果你曾花费时间向营员

理想营地辅导员绘图
(2007年夏)

展示这一品质,他们就会从中学习成长。当时机成熟,你需要深入到自己的灵魂深处,找到最后一丝耐心的藏身之处,只有这样,我们才能练习自己的耐心。这就是学习耐心的方法,我保证这种方法会让你冷静下来。

还有一些经历,你可以从中找到训练耐心的方法。这样的经历往往是我们想要避免的。它们令人讨厌、令人沮丧、有辱人格、令人作呕,甚至可能使自己和对方的精神都受到伤害。你可以尝试寻找最烦人的营员(或工作人员)并与其积极展开对话,教他一项你非常精通的新技能,让自己逐渐习惯同不喜欢的人或事打交道。想想你曾经拥有的糟糕的老板,你那会儿学到了什么?

(请注意图片中几个关于耐心的说明:平衡、积极乐观、平静、早做准备和及时)

他们做些什么?	他们说些什么?
即使心情沮丧,说话语气也要保持镇定	"好吧,我认为我们需要再试一次"
在说话之前先深呼吸	"我需要你的帮助……"
善解人意	"我可以帮忙?"
不打断他人谈话	"我会那样做"
让别人先说	"我明白你的感受……"
从事志愿活动	"我感觉……"表达真情实感
多做事	如有需要,随时找我
微笑	多用疑问句,少用陈述句

自信

自信包含两个基本概念:

1. 你知道你在说什么
2. 看起来你知道自己在说什么

知道你在说什么,意味着你要么知道它,要么发现了它,或者有其他资源来获得它,但这并不意味着你总能得到答案。最自信的人会问很多问题,他们对这个世界充满好奇。他们经常问 **"怎么做"**,却很少

理想营地辅导员绘图
(2007 年夏)

回答别人"我知道"。

还要表现出看上去你知道自己在说什么的样子，这更加困难。身体比嘴快得多，超过一半的信息可以通过肢体语言表达出来，请按照以下建议向他人传递更为清晰的信息。

他们做些什么？	他们说些什么？
知道物品所在地——有组织	"我不确定，但我知道在哪里能看到它。"
在说话之前深呼吸	"让我们做出最好的决定……"
肢体语言——站直	"我很不高兴这……我们如何才能解决它？"
情绪控制——保持冷静	"让我们再试一次。"
眼神直视他人	"我们能做到"
做出决定/反馈	"我相信你"
失败之后再次尝试	"你会帮我……吗？"
	"如果不能，我知道去哪里寻到答案！"

再想想**体贴、做事情有准备、觉察他人需要和灵活变通**，这些品质需要怎么说怎么做？

体贴

他们做些什么？	他们说些什么？
必要时与人私下交谈	"我可以在这里与你交谈……吗？"
询问与过去建议相关的问题	"昨天你说……"
为别人挺身而出	"嘿，这么做不大好……"
微笑	"请"和"谢谢"
提供帮助	

做事情有准备

他们做些什么？	他们说些什么？
有不止一个想法	"这里有一些选择……"

有一个应对灾难的计划　　　　　　"没关系，让我们试试……"
把东西写下来　　　　　　　　　　"我觉得它好像……"
对事情有所期望　　　　　　　　　"准备好了……"
提前考虑一些情况

觉察他人需要

他们做些什么？　　　　　　　　**他们说些什么？**
提出问题　　　　　　　　　　　　"你如何看待……"
眼神交流　　　　　　　　　　　　"我们中有多少人……"
清点营员人数　　　　　　　　　　"我们正前往……"
询问与过去建议相关的问题　　　　"昨天你说……"

灵活变通

他们做些什么？　　　　　　　　**他们说些什么？**
听取多方意见　　　　　　　　　　"让我们试试……"
多面手　　　　　　　　　　　　　"我们还可以使用不同的方法做到……"
询问他人意见　　　　　　　　　　"有没有想到……"
达成妥协　　　　　　　　　　　　"还有其他…… 方式吗？"

你认为营地辅导员应该是什么样子的？

理想的营地辅导员

理想营地辅导员绘图（2007 年夏）

营地锦囊

周围的人能告诉我们理想的营地辅导员应该具备的素质。

将技能细分为言行，可以明晰、练习和学习的几部分。

自己穿鞋，自己做决定

有些带孩子的成年人能理解这句话，有的不能。但大多数人都会有以下疑问。

"**打他好像没什么用。你觉得下次怎么办才好？**"

理解这一点的成年人明白，他们不能仅仅在口头说一遍，就希望孩子们能理解。在这简单的一句话中，暗含了**一些非常重大的假设**。

1. 孩子们可以选择独立于成年人。
2. 他们觉得自己可以做出选择。
3. 他们理解选择和后果之间的关系。

哇！大多数成年人并没有发现这些非常重要的想法。

当孩子们自然成长，意识到实际上是他们自己控制自己和做出选择时，会感到有点可怕。不仅仅是因为后果更加真实，而且他们的选择往往与成年人为了他们的一生考虑而采取的行动相反。是的，有的成年人可能会口头上说给他们选择权，但大多数孩子在日常生活中，实际上是没有任何权力的。他们能做无数件事情，却不能对其中的任何一件事情自主决策。

所以要教会孩子们如何更好地控制自己并对自己的行为负责（**选择**的另一种说法）。你知道我的意思，对吗？下列技巧可以供参考。关于孩子，我可以承诺的事情并不多，但我确实知道处理坏事的过程同样适用于指导好事，我们只是需要投入一些精力。而且我们越多引导孩子做出正确的选择，我们就越少需要处理

> 要了解我们的文化在选择、权力和控制方面是如何发展演变的，看看宜家的例子。
>
> 以所谓宜家式的选择为例。参观宜家商场时，你需要面对的选择太多。因此很少有人会在宜家"直奔目标，买了就走"，对一个目标物的仔细参观琢磨，如办公椅等，可能需要3个多小时的时间。我有一个朋友曾专门制定了宜家的购物方案，他们拿到宜家目录后，会在家里研究自助服务区的平面图，目的只是为了避开陈列区。一般来说，如果给你太多选择，大脑容易死机，失去控制力，看不到相应的后果。

孩子因选择错误而引发的后果。这是一门精确的科学，可能是唯一关于孩子或人类的科学。孩子们一天只能做出这么多的选择，他们做出的好选择越多，坏选择就越少，这些都是成比例的。

你每天在学前教室里都会听到，"**好的小朋友们，要出去了，你得做选择啦。你可以自己穿鞋，也可以找我帮你穿鞋，也可以让你的朋友帮你穿。赶快决定，准备出门。**"

在给定的边界或限制范围内给予孩子尽可能多的选择，这是一项重要的技巧。以下两个主要指导方针可以帮助你轻松获得成功。第一，适当的选择应该是孩子们可以实际做出的选择。第二，适当的选择能帮助他们掌控自己所做的一切。在上面的例子中，幼儿园教室里的孩子有几个选择，是不可以做的。

1. 赤脚外出。
2. 不外出。
3. **当你要求他们穿鞋时，他们一遍又一遍地吵闹，说他们"做不到"（如果他们选择吵闹，那么你有办法让他们获得控制权，解决方案）。**

许多大人面对孩子和狗时，容易忘记谁有控制权。有的大人只要看到他们就会提出不恰当的问题。然后，当孩子们试图掌握控制权时，一些成年人会生气不安。他们会出现过度反应，对孩子刻薄吝啬，大喊大叫，无法做到沉着冷静，有的会开始以"因为我这么说"这样独断专横的风格行事。这肯定会将很多大人和孩子卷入那种"你肯定做过"和"我肯定没有"的争执。

"你想现在吃晚餐吗？"

"我先去洗手间，好吗？"

信不信由你，这些是我在一个家庭度假的周末听到次数最多的两个问题。当你提出这样的问题时，你以为你给了对方权力和控制力，但实际上并没有。最有趣的部分是这两个问题提问的对象是 5 岁的男孩和 7 岁的狗，他们都没有实际控制晚餐时间或控制其他人上厕所的能力。你要为营员提供他们真正可以做出的选择。

提供选择的一个方面是提供适当选择，让孩子感受到自己是做主的人。

"你想要剩下的比萨饼或花生酱和果冻吗？"

"我要去卫生间，你想先去还是后去？"

像这样的问题不仅是孩子们可以回答的问题，而且还有助于他们对自己的东西、活动、餐饮、小屋或团体以及其他事情承担更多责任和所有权。我们让他们感受到自己具备控制能力，同时给他们创造机会了解选择和后果，或者说行动和反应。

给予营员选择的另一个重要方面是**尊重活动或情况的特定界限或限制**。评估这个问题的最好方法是问问自己，"我或其他辅导员真的会让他们这样做吗？"

例如：

他不喜欢手工艺品制作活动，所以他去了游泳池。（可能不会）

他不喜欢手工艺品制作活动，所以他选择串珠子，编挂绳或绘画。（可能可以）

遵守日程表，持续监督很重要。要在规则、指南或其他的限制性之内发挥创意。想想穿鞋子的例子，如果别无选择，你可以自己穿鞋子，重点是给予他们在特定框架内进行控制的方式。

给予营员很多**选择**，也让每个人都有更多机会练习对自己的行为**负责**。我这样说是因为我意识到，作为社会人，**我们仍然在练习对我们的行为负全部责任**。这一点很难，并没有多少人能做到，极少有人可以做到这一点。你可能认为我只是在讨论那些不好的结果，但实际上我也说要对好事负责。虽然我们更容易接受好的品质，但社会中还有另外一面，诸如吹牛、傲慢、自大、谦虚、宽容、同理心等都是对待成就（好的结果）的不同方式。而且由于这样处理更容易，给人的感觉通常更好，相应地这也是一种很好的练习方式。孩子和你生活在同一个世界，他们也能（大声而清晰地）倾听和理解，弄清楚他们可以逃避的东西也是这个游戏的一部分。就像你一样，他们已经找到一些方法来转移责任，尽管这些方法可能非常幼稚。

"他先开始的！"

"他们逼我做的！"

"我不知道！"

"这是一个自由的国家！"（我最喜欢的一个）

回想一下，你上次因超速被罚，或其他人告诉你他们超速罚款的故事时，你听到了多少借口？这些借口听起来更复杂，都披着成人式语言和理由的外衣，但它们基本上是一回事。

自己穿鞋，自己做决定 119

"他先开始的！"变成了"当时我想超过那辆卡车……"

"他们逼我做的！"变成了"每辆车都从我旁边飞过去，好像我没开动一样！"

"我不知道！"变成了"我没看到限速标志，至少我开了很长一段都没看到……"

"这是一个自由的国家！"变成了"阿拉啦……哇哇哇，意思是……我总是在这段路开80……"（再说一次，这是我最喜欢的一个理由。）

听起来有点耳熟吧？换汤不换药罢了。因此，现在是时候开始帮助营员发展这项技能了。首先，你需要了解为什么一般成年人在向孩子们传授这一点时会失败。因为我们在传授时没有授之以渔。我的意思是，大多数成年人通过对孩子大喊大叫，然后强迫他们做某事的方式来强迫他们承担责任。但"承认错误并道歉"的方式才更接近承担责任。虽然我明白大多数成年人没有时间或耐心以更深入的方式处理孩子的每一个小问题，但营地辅导员必须这么做。所以明智地使用这项能力，帮助孩子培养自己的责任感和控制感——授人以渔。

提问

让孩子（或任何人）对自己的行为负责，有个问题在于大多数成年人认为他们已经知道发生了什么事，谁应该受到指责，以及接下来会发生什么。许多与孩子一起工作的成年人遇到麻烦时都非常敏锐，当出现问题时，他们的第六感会告诉他们事情不对了。因此，当他们感觉到出状况了，就会自行判断自己的第六感是对的。然而，即使整个事情发生在他们眼前，他们还是无法确切地知道发生过什么。原因在于具体发生了些什么和过错在谁，这都是大人们比较主观的判断。因此，我们需要提出问题并真正倾听答案，以了解发生了什么。

避免权力斗争

在"提问"阶段，成年人通常会问他们自以为知道答案的问题。当孩子们的回答方式与成年人的预设相反时，成年人会强迫孩子按照他们的思路回答，向孩子暗示其他答案，甚至直接指责孩子撒谎。此外，成年人还会反复询问同一个问题或换着法儿地问同一个问题，却期待孩子们能有不同的回答（大家都知道爱因斯坦把这一行为称为……精神错乱！）。但要知道，你面对"**鸡同鸭讲**"的情况时，是不可能得到想要的结果的。是否曾经有人告诉你，你感觉、思考或经历过的事情是完全错误的，或者你并不真的明白？这听上去不好受，让人感到不受尊重；而且让你有他人试图改变或操纵你的感受、思想和经历的诡异感。既然如此，为什么要这样对孩子？我并不是说孩子说的一定都是真相，也有可能是他们对事情的真实看法。认真对待他们的话吧，**在他们想要正确的地方，引导他们达到正确吧**。要做到这一点，最简单的方法是让孩子对情况进行批判性思考，把每个问题都最终转回他们自身。

"好吧，这听起来很难。那你做了什么？"
"当这件事发生时，你是如何回应的？"
"发生这种情况时，你感觉怎么样？"
"你接下来做了什么 / 说了什么？"
"当他 / 她做某事时，你做了什么？"

最终，每个孩子都会说一句这样的句子，"那个，我做了……"你可以由此展开。现在，营员实际上在承担自己在事情中的责任。从这里出发，你可以努力分析孩子存在的问题并找出应该做些什么。

将行为与人分开看待

这个建议简单但意义重大。如果你把营员与营员的选择分清楚，你就能扮演不同的角色。到问题解决环节，我会讲一下相关思路，该思路的原则对于任何选择（无论是好、坏还是中性的选择）都是正确的，这能够改变你的语言。我们不可以给营员贴标签，但可以给行为贴标签，这能够改变你的观点。尽管面对一个坏孩子，你会很绝望，但你可以改变他的错误原则。你不需要控制他的行为，只需要为他提供支持性的行为指导，这将会给孩子带来更大的益处，因为这样可以帮助孩子改变他们的行为，而不是单纯的惩罚他们。

后果明确一致

每种情况都不同，并且会产生不尽相同的后果。下一篇《搞定了》致力于帮助营员、同事、父母以及其他所有人发展自身解决问题的能力。作为要与营员们相处的成年人，确保一致往往要从两件事情做起：**退出活动并进行讨论**。这意味着，你（通过他们的视角）明确事情的经过后，可以帮助他们实施自身的问题解决策略，同时强调营地已有的相关规则。例如，如果有人打人，则需要有营地主管参与解决；如果有人辱骂他人，也许需要某种和解；如果有人滥用药物或酗酒，也许需要联系父母。无论你有什么样的政策，都要采取明确一致的原则。

重新定向

重新定向可以定义为有目的地改变方向。有时，孩子们需要我们的帮助，需要我们引导他们的能量更好地发挥。这是那句老话"**不必小题大做**"中的"小题"，即用简单的技巧来避免更大的问题，这值得花费时间和精力。以下是一些很棒的重新定向技巧。

1. 故意忽视
2. 提示
3. 亲近
4. 给予选择
5. 友好的挑战

故意忽视是一项非常有用的策略，用于应对日常中某些营员为了引起注意而制造的烦人小事。忽略这些行为，只在营员做其他事情或参与活动时给予他们关注。

提示意味着为更适当的行为提供提示或指导。例如提供建议、开始游戏、吸引注意力或询问不同的行为等。

亲近指的是你的位置，而非营员的位置。通常情况下，你越接近他们，他们做出糟糕选择的可能性就越小。当我在教学或训练时，如果有人在睡觉或走神，我会选择走到他们身边，有时甚至在说话时把手放在他们的肩膀上。这不仅能唤醒他们，而且让他们感觉好像在某种程度上参与了谈话。另一种亲近的方式是口头语言，让营员参与你说话的内容。

"所以，阿莫西和我站在这里时，×× 开始了……"这会让营员主动集中注意力。

给予选择。有关给予适当选择的内容，这需要讲的太多太多了。在重新定向策略中使用给予选择时，提供的选择应该是有限且具体的。如果你想避免给出错误的选择，你可以提供更明确的选择，例如**"你可以做 X 或 Y"**。

友好的挑战让孩子们有理由去做你想要他们做的事情，或是朝着你想要的方向前进。这不仅仅是因为你有权力，而是因为你把做事情变成了玩游戏。

"你认为你可以打破昨天的清洁记录吗？"

替代

回到"下次你还能如何改变"。这个想法是正确的。我们必须帮助营员看到，如果他们正在做的事情是不对的，那么他可以有更好的选择。这基本上需要对比看待他的行为或选择。你知道为什么这一想法如此强大有效吗？当你给予孩子选择，强调了他们对自己选择应负的责任，并帮助他们应对这些选择的后果之后，你对孩子说下面的话会更有意义。

"看起来打人并不好。你认为下次怎么做更好呢？"

营地锦囊

有能力做出选择,你要确保他们觉得自己有**能力**和**控制力**来做出实际选择。

当营员自己做出选择时,他们应对结果**负责**。

在给定的**规则**范围内,尽可能多地为营员提供选择。

当营员希望**转移**自身选择的**责任**时,**不断提出问题**,聚焦在他们身上,关注他们说过的话和做过的事情。

避免"是的,你做了"与"不,我没有"的权力型斗争,在他们想要正确的地方,引导他们达到正确。

当与营员谈论糟糕的选择时,**将行为与人分开看待**,这只是他们做的事情,不是他们的性格。

明确一致地对待错误选择的后果,这样营员会有控制感。

有时,错误的选择最好通过**重新定向**进行处理。

总是对比各种选择,帮助营员用更好的选择**替代**糟糕的选择。

搞定了!

冲突管理与问题解决

"我们把它搞定了!"每年夏天,成百上千的营地辅导员都会听到这句令人不寒而栗的话。有时它指的是树干下的小动物,有时是齐膝深的淤泥里紧握的双拳,有时是指一群刚刚打败了虫子、兴奋又镇定的营员,有时则是指刚刚解决的问题。对的,就是这样,前文没有打错字噢。这句话是营地专属语言,辅导员常常听到,几乎每时每刻都能听到。我已经34岁了,过去每次听到这句话,我都觉得自己在营地的领导权和合法权逐渐被削弱。听孩子聊天对我的冲击仅次于进入高中自助餐厅,这句话不断提醒我当时悲惨的感受。还好,不是所有的权力都丢了。我们不必披上成年人的外衣,因为我们缺乏理解而责怪孩子们。重点是要尊重和理解营员之间有自己的代码,语言和沟通方式。

几年前,我刚刚听到"**我们把它搞定了**"这句话时,就陷入了尴尬的境地。我那时候和几个大男孩在篮球场闲逛。当篮筐下爆发冲突时,我正好在和一名辅导员聊天。虽然他们距离我们不超过15英尺,但他们还是飞快地连打了好几拳。等我们用身体把他们分开时,营员的情绪仍很激动,不停骂脏话,身上都有了严重的淤青。我把那个看起来最沮丧的营员带走,离那些人远一些。在走路的时候,他气喘吁吁的,眼冒怒火,所以我们走得更远些。"**发生了什么事**?"我那会儿只能看到他的脸皱着,嘴里发出嘶嘶的声音。大概过了十几分钟,他终于开口讲话了。终于,他尖叫道:"他打我,我不想这样!"

我:"那你做了什么?"

营员:"什么都没有,就打了他一下,别人休想欺负我!"

我:"为什么事情这么快就失控了?"

营员：“他还是那样，根本没听我说，是他先打我的。”

我：“你哪里挨打了？”

营员：“这儿。”（指着他的胸膛）

我：“那你做了什么？”

营员：“我说了，我打了他 5 次。”

我：“嗯……那么这是怎么回事？”

营员：“我知道，我得认错。”

我：“好的，你觉得要怎么做？”

营员：“唷！把他赶出营地！”

我：“我问你应该怎么做，不是我怎么处理。此外，我们不会因为这种事把孩子赶出营地。”

营员（稍微激动一点）：“我不想再和他一起打球！”

我：“你当然可以不和他一起打球。你们来这里，如果想做别的，我们有很多可以做的。在我看来，你们都喜欢玩球。而且你们经常过来打球。还有别的想说的吗？”

营员：“我再也不想再见那个孩子了！”

我：“好的，但这可能有点困难。你和他住在同一个宿舍里，5 次活动里，你们有 4 次在一起。你和他吃一样的三餐，你们两个都还要在这里待 3 个星期。”

男孩子的拥抱

我们并肩过去（这一块我稍后再聊），这是随后两位营员之间的对话（想明白他们对话的真正意思，请看脚注）：[①]

营员（被自己最后一个想法蠢笑了）：“嗯……

---

① 营员：“你好。”
另一位营员：“你好。”
营员：“我们需要谈谈。”
另一位营员：“是的，需要聊聊。”
营员：“对不起，要不要再试一下？”
另一位营员：“真的吗？好啊。”
营员：“好。”

我和他扯两句。"

我:"好的。我们试试吧。"

营员:"哟。"

另一个营员:"哟。"

我的营员:"咋样?"

另一个营员:"棒棒的。"

我的营员:"哟,是我的错,想玩球不?"

另一个营员:"哦,和好?"

我的营员:"和好!"

然后这名营员走向另一个营员(当时坐着),给他一个**"男孩式拥抱"**(参见上图的例子),他们碰了碰拳头,然后继续去玩接球游戏。

咦?刚刚发生了什么?我天真地以为他们只是达成一致,不再讨论打架问题。我有自知之明,知道我并不了解全部,但我愚蠢到认为只有我才知道怎么办最好,然而他们没有按照我想的方式去做。他们没有道歉,没有作出"我的陈述",没有**"握手言和"**,什么都没有,没有任何问题解决的技巧!我不知所措,所以我打断了他们刚刚开始的比赛。

我直视着那个**"被打"**的营员,问道:"一切都解决了?"

"是的,一切都好。"他回应道。

我很不满意,感觉就像在一个奇怪的辛普森卡通世界里,我转向另一位营员问道:"那么,一切还好?"

接下来的这句话宛如最后一根稻草,把我钉在无望的旧棺材里,"哟,搞定了!"

我感觉有点头晕,跌跌撞撞地回到边上,站在我最开始聊天的辅导员旁边。他微笑着问我,"他们说了什么?"

我毫不犹豫地说,"搞定了。"

"注意语言,应该我们帮他们解决才对!"他骄傲地咆哮道。

可能有的人能够理解刚刚发生的事情,而有的人只有看我的脚注才能理解,但我希望每个人都能理解一件事:在这场语言战役中我输了,但我却赢得了尊重他们言论的战争。解决了这场冲突的是他们的选择和行为,而非我的言论。我本有机会谈论这场冲突会引发的后果，支持他们提出的后果或解决方案。尽管我没有记录下他们全部的对话，但是道理不言自明。这是他们需要经历的过程，能帮助他们解决问题，在下一个问题出现时，这次的经历具有更加深刻的引导意义。

有几个地方，他们（作为孩子）慷慨地允许我像普通成年人那样，把事情搞砸。和我聊天的营员让我问问题。你也许不觉得这样做会把事情搞砸，但想想大多数成年人提出问题的方式吧。

"哦，他先打你的？我明白了，所以我看到你打了他好几次，那是因为他先打你？算了吧，我就在旁边呢，他可没打你胸口。"

你看，让成年人向孩子们提问是很危险的，因为成年人总是歪曲事实。严格说来，上面例子里的成年人是正确的，那个营员没有真正打人。但是，他确实是灌篮后猛地扣下来（记住，这可是打篮球），在人群里用力右转，同时右肘向外，然后直接打到了另一个孩子的胸口，难怪那个孩子会认为是这个营员先动手的。

他让我谈谈他们问题的解决方案。这是大多数成年人让孩子的思维感到更加混乱的地方。"你需要去那边，握着他的手道歉"，听起来熟悉不？但是，你知道吗，大家往往都会这样做。只是表现形式略有不同罢了。孩子们更愿意使用他们理解创造的语言和代码，成年人却喜欢强迫孩子们使用他们认为应该用的语言，从而打乱了孩子们自身的语言。我们忘记了一个基本的事实，学习语言行为的唯一方法就是练习。如果总是由别人告诉我们该做什么，我们很难主动学习到这些。相反，如果我们可以自然地说话做事，知道事情如何变成我们期待的样子，这会让人感觉更有趣、更有意义。

我这里要谈的原则是尊重。需要明确一点，与营员谈论他们的选择和真正的后果是很重要的。他们在生活中需要成年人示范该说些什么，以及在发生冲突时如何表达、解决。孩子们还需要成年人允许他们自己做事，甚至是把事情搞砸。但实际上成年人不想把事情搞砸，只想要尽量解决。为此，我们需要提出很好的问题，真正倾听孩子的语言，接受孩子们的正确理解，并允许他们"搞定事情"。

每次出现问题，你必须用"问 – 选 – 试"（A.C.T.）的模式解决。这一冲突管理和解决问题的特殊模式可以运用你在科学课、领导力研讨会、心理治疗中学到的所有复杂知识，并帮助你了解其核心。你或许没有意识到，你曾经利用学过的生物学知识解决两个营员之间的斗争，但你确实这么做的。科学方法本身只是解决问题的别称而已。任何问题或冲突的最基本方面是：问题是什么；你能做些什么；你会尝试哪些想法。所以每次出现问题时都需要"问-选-试"模式。

技术理念

问（问问题，Ask questions）

选（选择，Choices）

试（尝试，Try one out）

问问题。这里的思路是你需要解决问题，无论问题是你观察到的还是真实存在的（可能完全没有区别），简单或复杂，基于一个或多个事件，或有任何变化，第一步是弄清楚发生了什么。大多数成年人都非常擅长这一步，或者至少他们知道这是第一步。在孩子打架或争吵时，首先要做的就是将孩子**分开进行询问**。这非常好！但如果问题不是打架怎么办？深入思考一下，**分开进行询问**的模式是为了发现问题，是帮助营员描述自己感受和主观判断的工具。作为成年人，在这个阶段我们需要锻炼自己探寻真相的智慧。我再次警告，**提前检查自己的假设！**仅仅因为你看到了听到了问题，甚至只是问题的一部分，但并不意味着你了解所有的事实。营员和我们一样，现实和人的感知并不一定相对应，我们感受中发生的事情只是我们自己假设中的版本。我们要警惕这一版本，并提出质疑。一定要意识到这一点，因为当我们忘记我们满心都是假设、偏见和先入为主的观念时，我们注定会看不清事实。

如果我们能提出好问题，这说明我们真的理解了。在解决问题的这一步骤中，你需要做出的另一个判断是，我们是在处理当前的问题，还是在接触一个更大的问题。这两种情况都需要引起你的注意，但如果它是一个更大问题的征兆，那么你需要留意其他征兆或是能解释这个征兆的原因。

作为成年人，在提问阶段，你需要处理好几件事情。显然，你需要提出一些问题来帮助营员解释发生过的事情。你还需要注意运用非语言线索和沟通技巧（记住在讲述沟通部分时提及的55%信息量！）来描绘整个画面。最重要的是你自己需要思考"**到底发生了什么？他为什么会遇到这个问题呢？**"这虽然看起来理所当然，但我认为大多成年人为了省事都会跳过这一步，大多数成年人都有这样的生存策略。而当你思考并谈论该营员处理或解决问题的选择或选项时，这些问题的答案会对你有所帮助。把这些答案视为孩子需要弥补的缺陷，这会对你很有帮助。如果你让 4 年级孩子学代数，他们在测试中的答案全错，你很快就会意识到他们需要学习一些其他的数学原理才能在代数中取得成功。你不太可能坐下来和小孩讨论每一个问题，试图解释他们哪里错了，原因是什么——这太愚蠢了。所以，如果你在营地遇到过度反应的 4 年级学生，对他的一个小伙伴大喊大叫，你应该考虑帮助他找到合适的词汇（语言发展），或是教导和树立榜样，在心烦意乱时仍保持冷静（情绪调节），这些基础技能可以防止孩子们之间的斗争。不要只说孩子哪里做错了，却不指出孩子应该怎么做才是正确的，怎么做会更好或更成功。

大多数冲突和问题发生时，你并不在现场。会有人告诉你发生了什么。请记住，仅仅因为某某先告诉你，并不意味着你了解所有的事实。每一次的情况和人都不一样，有时你首先听到的内容可能与客观真相相去甚远。正确的做法是向与事件相关的或看到的人提出问题。即使所有人的答案存在冲突，你也能对发生的事情有更好的了解。

去年夏天，我有一个营员情绪崩溃，睡觉前失去了理智。在睡前他开始时低沉地呻吟，后来音量越来越大，破坏性越来越强，后来几乎是一边尖叫，一边在走廊上扔东西。他一边尖叫，一边哭泣着说："我想要妈妈！"他哭闹了 1 个多小时，除了短暂地说了一句，"我想要爸爸！"一直都在说要妈妈，可能这样听起来更好吧。在处理他的问题时，我很快发现，在这一刻问他问题没有任何帮助（但是什么也不说似乎会让事态变得更糟），而且想要妈妈显然不是主要问题，而是更大问题的一个征兆。由于他没有用言语回答我的问题，我不得不转向事实调查。我注意到他在嘟囔的时候会分心，似乎会冷静下来，看起来对其他事物很感兴趣，甚至开始做其他事情，但仍然会喘着气说，"我想要妈妈！"我试着跟他说话，并让他重新关注他手头的问题（他的基本状态），他会意识到自己的沮丧情绪并开始再次沮丧起来。这有点像孩子摔倒时，他们会先看看成年人，再判断自己是否受伤了。如果成年人做出反应，那么他们应该就受伤了；如果没有，他们可能就没事。我也注意到他会仔细选择拿来扔的东西。他似乎知道不应该扔又大又重的东西，如果让我猜测原因，可能是因为这会让他真正惹祸上身或伤害别人。相反，他扔了棋子，拼图，一次性纸杯，当然还有地板上的球（他或许认为这些就是用来扔的）。这两个事实使我相信，想要妈妈和不想上床睡觉，这只是一个更大问题的征兆而已。也许他太小了不适合营地生活？也许他害怕黑暗？无论真正的问题是什么，我们都需要解决眼前的问题，并希望努力了解更深远的方面。

选择，选项，步骤，措施或我个人最喜欢的"**处理问题的方法**"，是冲突管理系统中的下一步，合乎逻辑。提出问题是为了定义问题，一旦有了定义，你就可以开始思考或询问可以做些什么。这里的秘诀在于确保所有的想法和做法都是营员自己的选择，要知道想法的来源比较棘手。作为成年人，我们几乎都知道如何处理事情，或者无论我们是否真的自己做出选择，至少还可以描述处理过程。而且，因为我们是成年人，在这种情况下，我们有时会觉得有必要告诉孩子下次怎么做合适或是当下如何解决这个问题。这样，我们就回到了"**握手解决问题**"模式。**握手，道歉，主动做好事等都是解决问题的好方法，但这些方法是我们的解决方法，是我们随着时间的推移学会的**。对于孩子来说，这些方法并不那么有效，因为他们不了解为什么这么做会有所帮助。在打篮球的故事中，我可以很容易地告诉营员我在想办法处理问题，他应该怎么补救。可这么做对于实际的解决毫无用处，营员肯定会将白眼翻上天。因此，秘诀中最强大的部分，也是我认为它非常重要的原因，在于我希望营员们能够自行解决问题。我也希望他们能脱离开这一个问题和他们当前面对的所有问题，学会这些技巧，这样下次遇到问题时也可以灵活运用。如果我告诉他该做什么，如何解决这个问题，他可能当时会做，但解决后没有学到任何新知识，只会在遇事时依赖大人。虽然那样解决问题的速度会更快些，但是对他们的成长却毫无效果。当然了，孩子没有太多的解决方法，不然他们就是大人了（哈！真不敢相信我写了这句话），所以提供建议给他们是完全合理的。

- 如果你说……会发生什么
- 你有没有试过……

- 你怎么说……
- 这和过去发生过的事情一样吗？

这远远超出了营地、打架或问题的范围。这与我们帮助营员在实际生活中解决相关问题的能力有关。这才是精髓所在，无论你是否想听，无论你的信仰、政治、宗教、家庭或任何其他决定因素如何，我都要直接告诉你这一点。孩子们在生活中会面对很多非常困难的选择、问题等，比如性、毒品。当他们在生活中遇到这些事情时，你和其他的成年人往往不知情（很可能是这样）。会有孩子们信赖的朋友（比他们了解得更少）带着他们面对这一切。再次重申一下，我知道一些成年人，特别是那些为人父母的，读到这些内容后会抗拒我说的话说**我的孩子才不会这样**。但是现实却是，他们会这样——即使你把头埋到沙子里，坚持说**"我的孩子才不会！"**。所以请尽可能地抓住每一刻，教他们如何做出自己的选择，处理自己的事。

问题解决的一个步骤是以定义为导向的行为。你有一个问题，现在需要做点事情解决。不幸的是，营员和你身处同一个世界，会学习你的言行。所以他们自然会顺从你，让你带领他们。就像在篮球的故事中一样，他们通常会给别人设定选项。这与上一章提到的对行为负责的想法有关，是**"他们逼我做"**的推卸责任风格的延伸。把人赶出营地，换小组，不许他人参与等言论基本都在表明，应该让别人改变，我不需要改变。请理解，这不仅仅是惰性，而是自我保护。孩子们从他们周围的文化环境中学习，这正是这一切自然反复发生的原因所在。处理的最好方法就是不断提问，回归到那名营员自身的问题。

"那是我可以采取的措施，但是我问的是你的选择，而非我的。"

在整个问答环节中，你应该反思你在此过程中早先发现的一些事实。具体来说，为什么整件事情会失败？我可以教导、示范、建议、鼓励、指导些什么来帮助这个孩子解决他的问题？不是**"我能为他们做些什么"**，而是**"我怎样才能引导他们为自己做些什么"**。虽然差别细微，但意义完全不同。格林（Green）和阿布隆（Ablon）在他们的书《对待火爆脾气的孩子》（*Treating Explosive Kids*）中提出了解决协作问题的方法，即孩子们通常会遇到在以下几个发展领域中遇到困难。

执行功能 —— 做出深思熟虑的决策并了解行动的后果。
语言技能 —— 认知情感，清晰表达自我。
认知风格 —— 对情境作出现实的评价。
社交技能 —— 交朋友／同理心。
情绪调节 —— 适当表达情感。

当你询问问题，探索解决的潜在方法时，你应考虑其中一些问题，它们可以帮助你发现探索。我们需要做的是提出好问题，批判地思考具体情境，改变对应的行为，这些概念实际上提出了帮助孩子们改变行为的选项和方法。

"当你生气并揍他时，发生了什么？那是你想要发生的事吗？"（执行思想）

"你告诉我，他打你脸时，你不开心。你告诉他了吗？怎么说的？"（语言发展）

"在运动时发生冲突不快的情况可能会再次出现，如果有，你打算做什么？"（认知风格）

"他弹跳的时候，是故意先打你吗？你觉得他有什么感觉？"（社交技能）

"你沮丧之前在走步。我很高兴你有办法让自己平静下来。你心烦的时候还有其他处理方式吗？"（情绪调节）

尝试某一个选择是最后的步骤，也是非常合理的步骤。你现在已经定义了冲突或问题，并花了一些时间搞清楚解决问题的方法。如果不进行测试，你怎么知道这个方法是否有效？在这个过程中，你已经神奇地变成了一个完全不同的人。这时，你会是一个庄重的人，一个还清醒，不再只会说"**这么做，那么做，道歉**"的人。突然间，你支持营员通过亲自试验，来解决这一问题。"**看看这样做是否有效**"与"**去这么做**"，这两种态度给人以截然不同的感觉。这甚至会影响你的肢体语言。还记得我和那个营员站在一起的样子吗？我们肩并肩站在一起，不用说一句话，我就已经表明了我的中立立场和对他们的支持。大脑会努力使所有信息保持一致，所以当你不再庄重，不再提供支持时，你会突然发现自己的站姿都会有变化。事实上，我已经习惯了这一点，而且我非常推崇肢体语言，会有意用肢体语言来巩固我的态度。我经常会站在某个孩子身边，根据他们做过的某事或者他们即将做的事情，用手指指着我们面前的空白区域，说"**事儿就在那儿，我们现在在这里。只要你们想试，我就在这里支持你们。**"在你为营员所做的一切事情之后，这一项是非常重要的后续步骤。这不仅仅是口头上的服务和言语，更是行动！

事件回顾

这个过程也带有自我评估和反馈机制。实际上很简单，你可以在过程结束时问相关营员："**有用吗？**"营员解决了或者开始解决问题了吗？是的，有用！太棒了！为什么有用呢？是如何有效的？没用，你说它没有解决冲突？那么他们提出了哪些其他选择呢？它们都没有效果？天啊，也许我们需要努力整理问题的更多细节。这个循环可以自我反馈，为他们的问题创造一个不断优化的解决方案。哇！只要他们（以及大多数成年人和几乎所有人）知道这一切都可以接受就行了。

过程

所有这些都是一个过程，关于学习如何从错误中吸取教训，并在下次做一些不同的事情。但是，通过这个过程并从错误中吸取教训，但却没有消除犯错误这一事实。糟糕的选择仍然是糟糕的选择。那么，现在我们知道了如何处理这个过程，后果如何，我们该怎么办？这是一个好问题！我们不了解你营地具体的理念、目标、任务、政策、文化和最佳实践方式，但我们可以提供一些基础知识。

糟糕的选择基本上有两种反应或后果，即**合乎逻辑的后果和惩罚**。合乎逻辑的后果不言自明。你做了一些事情，引发了其他事情，会产生一些后果。跳进游泳池就会弄湿自己；在员工培训期间睡着了，就会有一些你不知道的东西；你从休假回来晚了，就会……你懂的。你可能不喜欢这种后果，但它是可以理解的，非常清楚的，并且是可以预见的（意思是它很明显或者事先是明确的）。

惩罚则不一样。我曾经听过有人说惩罚不可收回，后果则可以。我相信我们都可以想到与这个想法背道而驰的例子，但我喜欢用它作为一般指导方针。举一个简单的例子，暂停活动（合乎逻辑的后果）与打屁股（惩罚）。暂停活动这个做法可以被解释、修改，并在多个方面起作用，如平息孩子的情绪，不许孩子参加活动，反思错误等。基本上，如果方法正确，后果可以作为很好的学习工具。

但打屁股就达不到以上的效果。有些老派人还是觉得打屁股没问题，我要告诉这些人，打屁股所产生的伤害对于阻止不良选择或行为（通常）有效。但这并不是健康的教育方式。实际上，打屁股和其他形式的惩罚让孩子们认识到，他们对自己，对自己的选择以及后果毫无控制权可言。大多数成年人并不明白这一点，因为他们也曾被教导说他们没有控制权，他们需要顺从那些有权力的人。这一点在我最喜欢的"**成年人对孩子们说的愚蠢的事情**"中，已经陈述得很清楚了。

"**你想被打屁股吗？**"

你以前听过这句话吗？如果没有，去杂货店谷物货架的过道里逛一逛。用不了 10 分钟，你就会听到这句话。当然，对于成年人来说，这是一个愚蠢的问题，因为答案总是不想。谁想被打屁股？他们提出的问题根本不是问题。

他们真正说的是，"做我想要你做的事，否则我会打你。"

为什么有些成年人会这么说呢？因为它（通常）可以有效地阻止一些不良选择或行为。但如果你听到有人（或者说任何人）对孩子说下面那句话，你都可以打电话给儿童保护组织。当孩子们听到这种东西时，他们会非常真实地感到自己失去了对自我的控制权。在那一刻，通过这样的语言，成年人真正说的是，"**我必须控制你和你的行为，因为你不能改变或自己控制。**"我相信大多数成年人并非出于恶意，或试图以这种方式伤害孩子。事实上，他们可能只是无意识地想要孩子做好准备面对更大的世界，因为世界往往就是这样运行。无论孩子是否理解，大多数人都必须遵从我们周围的权力结构。

说说机场吧

你知道机场的规则吗？有的规则是通用的，如脱掉鞋子，被人从头到脚检查一遍，只允许带不超过 3 盎司的洗发水。其他规则根据你所在的位置以及所在的机场各不相同。打开后关闭笔记本电脑，一个陌生人会用手检查你的内衣裤，在安检门检查指甲剪。咦？是的，我们说的就是进机场的流程。为什么我们要做所有这些？简单的答案是为了安全，因为"他们"这么说。听起来有点耳熟？一旦你让机器发出哔哔声，安检人员就会搜身。咦？

> 因为"他们"这么说！！！请不要这样做，但你有没有问过为什么？如果你这样做，你肯定会错过你的航班，甚至可能就此失联。我们身边有很多这样的例子。你缴纳的税款流向哪里？如果你过马路不走斑马线会怎么样？为什么18岁时必须注册义务兵役？为什么20岁时不能喝酒？为什么有些话是好话，有些是坏话？为什么电视可以播放人被谋杀的视频但是不可以播放性行为视频（顺便说一下，性行为可比谋杀好多了）？为什么同一个城镇的两所公立学校学费不一样？再想想，我们还在经历的"因为所以"或"因为'他们'这么说"的问题还有哪些？而且"他们"究竟是谁？

这一切的重点是，我理解为什么成年人往往以他们的方式对待孩子，但我相信帮助孩子自己思考并控制自己的行为才符合每个人的最大利益。他们所处的世界想管控他们终生，就让我们帮助他们建起自己的盾牌吧。

回到处置营员的方式这个话题。所以说，惩罚是坏的，合乎逻辑的后果是好的。我不需要了解你的营地就可以说许多不应当被允许的惩罚方式，实际上有些是非法的，或者至少是不道德的，所以我完全不会谈这个。某些形式的惩罚只是没有做好行为控制的结果。拿走营员的特别小甜点或美食，威胁不许他们参加喜欢的活动或拿走他们喜欢的玩具，甚至要求他们多去参与不喜欢的活动，这是很多成年人使用的常见伎俩，往往很快就能生效。为什么？因为它们（通常）可以有效地改变糟糕的选择和行为。孩子喜欢零食，喜欢玩具，想尽快完成不喜欢的活动。然而，他们却浸淫于**"因为我是这么说的"**这样独断的生活方式。另一个成年人会怎么说？我该如何处理这种情况？幸好，合乎逻辑的后果则不一样。它们通常清晰，一致，可以预见并且公平。一个成年人觉得不合适的，其他成年人很可能也觉得不合适。但为什么我妻子被警察要求路边停车的时候从未被开罚单，而我每次都会有罚单呢？我猜我受**惩罚**是因为没有像她那样漂亮！每当营员做出错误选择时，我们要以同样的方式对待他们。当然，每次谈话和每种情况都不同，所以会有一些变化。原则上基本保持一致就可以了。我们像对待那些好孩子一样，去对待那些有问题难打交道的孩子，这可并不容易。

那究竟什么是**合乎逻辑的后果**呢？这通常与行为有关，或由行为促成，孩子们完全可以控制这样的后果。例如，下泳池前无视规则随意打闹，这会对孩子的游泳时间产生不良影响。因此让他在泳池外坐 5 分钟，再次了解规则，向他解释规则存在的原因，或者在其他孩子们打水仗的时候，让他自己和辅导员交流，这对于改变行为将产生良好的效果。这些后果都与糟糕的选择有关。在糟糕的选择中，营员也有机会控制后果，或者至少能针对发生的事情和原因进行谈话交流。如果你，身为营地辅导员，提倡相互尊重和公平，那么在处理大多数（即使不是全部）由糟糕选择导致的后果时，都应该以经典的对话方式开启解决问题的过程。就像"**问选试**"模式那样，首先询问营员一些问题，其次倾听他们的答案，最后给出一个公平合理的结果。

我在糟糕的选择和后果这一话题上提出了另一个有趣的想法。**纪律**在夏令营意味着什么？我们大多数人并没有真正注意到我正在使用的所有词汇的差别，但现在你知道我有多崇拜语言的力量。对我而言，纪律是一个相关，但非常不同的想法。与惩罚和后果不同，纪律与关于行为的实际控制有关。同样，成年人往往持有这样的观点，他们**执行纪律**，在某种程度上对他人的行为有控制力，负有责任。这种观点表明，构成纪律的积极部分是成年人的工作，而非孩子的。如果你看一下对于"纪律"的当代学科定义，你会发现：

新韦氏词典对"纪律"的定义：
1. 心灵和品格的训练。
2. 学习的一个分支。
3. 控制或惩罚。

在线词典（Dictionary.com）对"纪律"的定义：
1. 培养期望产生的特定的性格或行为模式，特别是培养道德或精神上的改善。
2. 纪律训练导致的受控行为；自我控制。
3. 旨在纠正或训练的惩罚。
4. 一套规则或方法，作为规范教会或修道院秩序的规则或方法。

这个定义似乎意味着遵守纪律或服从纪律就是**控制自己**。积极之处只与个人有关，与周围的人无关。
- 培训或实践
- 自我控制
- 制定行为模式的系统或常规机会
- 了解外部或外部规则

所以呢？这是一个微妙但重要的区别。作为孩子生活中的辅导员，我们并没有在"**执行**"纪律，但孩子们却需要这么做。如果你让他们拥有在社交中需要的，以及大脑也希望获得的控制权，你实际上会让自己辅导员的工作变得更加轻松。在此，我要做出第二个关于孩子的保证或承诺。

改变你对孩子及其行为的看法，帮助他们学会处理自己的事情。

问题和冲突并不总发生在人际关系中，换言之，打架、起绰号、戏弄他人的背后，都可能是孩子们在生活中遇到了其他问题。但问题不同并不意味着解决问题的过程也不同，实际上过程是完全相同的。

营地锦囊

所有问题和冲突的解决方案可以分为三个步骤：**提出问题**（定义），**可能的选择**（可能的解决方案），并**尝试解决方法**（将解决方案付诸行动）。

将每个问题都纳入此解决方案策略中，这为营员提供了自动的**事件回顾或评估工具**：这是否解决了我的问题？

帮助营员解决他们的问题，冲突和事件是一个**过程**是你帮助他们**学会解决自己问题**的过程。

在处理问题或冲突时，**合乎逻辑的后果**是清晰，一致，与行为相关的——而惩罚则通常相反。

哭泣的猫女孩

站在他们的高度解决问题

在一个炎热的 7 月早晨,我到达了营地。在那里与工作人员一起进行后续培训,实地帮助解决问题。我刚从车上走了两步,面前就出现了一个"问题"。

"你是谁?"她问。

"我是斯科特,我是一名顾问,我来这里与辅导员讨论这个夏天进展如何。"

"好吧,我是猫。"

"嗨,猫姑娘,很高兴见到你。"

"不,我的名字不是猫,我是一只猫。"

(尴尬的停顿)

"嗯……就像'喵'一样的猫。"

"是。"

"好吧,那有点艰难吧?我的意思是,这里的其他人不是孩子吗?"

"当然。我可是营地唯一的猫。"

"做唯一的猫很难吧?"

"对。"

(尴尬的停顿)

"那么,你都吃什么食物呢?"

"很糟糕的食物,伤到我的肠胃了。"

"我想他们做的猫粮不多吧?"

"不多,他们为大孩子做素食,为小孩子做花生酱和果冻,但不给我做吃的。"

(尴尬的停顿)

"你会游泳吗?"

"当然不!你对猫有什么了解吗?"

"嗯,这就是为什么我问你,我的意思是猫会非常不舒服,我知道猫不喜欢水。"

"可不是嘛!!"

哭泣的猫女孩

（尴尬的停顿）

"划独木舟或者其他船呢？"

"我上周试过划独木舟，辅导员很酷，想帮我来着，但我太紧张了，而且他们也不明白为什么。"

"我打赌，独木舟有点儿晃。"

这时，越过女孩的肩膀，我看到营地主管直奔我们过来。眼角余光能看到她挥着手，皱着脸，用抱歉的眼神看着我。在她眼中，我刚被他们最大的"问题"逼走了。我不想引人注意，所以没有任何大动作，只是用眼睛和肢体语言表达"我很好，没关系"的信号。

嘿，我那时还没有去办公室办理登记手续，我知道营地主管喜欢所有客人先登记，但我还是想完成我和"猫"的谈话，于是我问她，"你晚些还会在这里吗？"

"是的，空闲时间我会在石头门廊上玩。"

"太好了，我整天都在，我会找你的，稍后再聊。"

"好。"（她叹了口气，明显有一丝颓废。）

"真的是非常非常抱歉！"我一走近小屋，就听到这句话。"好吧，她发现你了。这是今年夏天我们遇到的最大的问题，辅导员，辅导员组长，甚至我，都黔驴技穷了，我们完全不知道怎么帮助她。"

我相信大多数人都能认同这个营地主管的感受。有时，对我们来说最具挑战性的问题不是孩子们的暴力行为，想回家或暴力欺凌，而是行为怪异。这里需要明确一点，我并不想给这个孩子贴标签，或给她起绰号，我试图发现**问题**的本质。随便你怎么称呼这种现象，我们一定都遇到过那些不合群的孩子，会说一些奇怪事情的孩子。他们不守纪律或不适应时，**似乎**会给他人带来折磨。但是在营地，我们需要赞美庆祝个体的独特和差异。我们（作为营地人）对"**我们的**"孩子们抱有无条件的爱。实际上，我们支持那种个性，尽管这种个性在我们这个完美小岛之外的世界中有时是可能有害的。但即使在那些特殊的地方，也有一些孩子就是会……好吧，很奇怪。

"嘿，怎么了？"

"没有。请你再说一遍你的名字？"

"斯科特，你的呢？"

"虎斑。"（这是那期营地的名称，猜猜取名原因。）

"所以，小虎斑，我们之前谈的是你的情况，你说你是一只猫。"

"所以你相信我？"

"为什么不呢？"

"因为没有人，甚至没有一个辅导员相信我。"

"为什么你会这么想？"（耸肩）

"这可能与他们习惯在营地和孩子相处有关吧？我的意思是你自己说的，你是唯一的猫。"

"也许吧。"（耸肩）

"我想问问别的。卫生间情况怎么样？"

（睁大眼睛）"可不是！卫生间真的是最差的了。"

"当然，卫生间是给孩子设立的，不是给猫开的。"

"而且他们甚至都没有尝试去理解这对我来说有多难。"

"嗯，这很有意义，对你来说很难。所以，我猜你是14岁？你是在尼比新组（年龄组）吗？等一下，狗的年龄可以换算成人的年龄，那么猫可以吗？"

"可以啊。我91岁，换算成孩子的年龄就是13岁，所以他们把我放在尼比新组了。"

"答对了。"

"他们恨我。"

"谁恨你？"

"我宿舍里的女孩们。她们不接受我，总是在背着我说悄悄话，告诉大家都不要做我的朋友。只有小孩子喜欢和我在一起，即便如此，我宿舍里的女孩们也会告诉他们不要喜欢我。"

这感觉不好吧？别人背后说你，还告诉别人不要喜欢你。

"一点也不，像是她们试着孤立我。有时，因为我想走这条路，她们就一定要走别的路。"

"她们对你刻薄的时候，有什么能让你感觉好些吗？"

"我喜欢制作手工艺品，大多数时候都在做这个。"

"我也喜欢制作手工艺品。"

"为什么你不告诉我，不要再做猫了呢？"

（皱眉）"为什么我应该告诉你不要再做某事呢？"

"其他成年人都这样做。"

"我不是其他成年人，而且我觉得这不公平。也许他们想提供帮助吧，尽管可能不是很有帮助，但他们可能想帮助你适应和其他孩子在一起生活。"

"我不喜欢！"（瑞恩·格林德尔绘）

作为与孩子一起工作的成年人，有时候我们会坚持我们自己的世界观，坚持我们自己的思想和我们自己的思考方式。这种感觉对于成为孩子们的伟大榜样来说，是非常正确和关键的。然而，我们忘记了需要表现出对孩子们自己思想、想法和信仰的尊重。之前我曾谈到需要承认和验证孩子的真实感受。毕竟，我们怎样才能真正了解其他人的情况呢？**猫女孩**的情况很容易被忽视，会被大人当做是孩子气的行为，或者只当做是寻求关注的行为。这绝对是寻求关注的行为，但不仅仅如此。**猫女孩**在营地遭遇了种种社交困境，我相信她在家也是一样的。她生命中的每个成年人都告诉她，她不是一只猫，在她的内心深处，她也知道她不是猫。但是很多成年人完全不考虑孩子话语背后的意义，就直接做出反应。作为一名营

地辅导员，我不会像其他人那样。相反，我对她真正说的话特别感兴趣。我可以将**"我是猫"**翻译成**"特立独行的我"**，一旦这样做，我就开始思考，以一些老派的风格来解决问题。

猫女孩惊讶于我没有评判她，或者告诉她不要假装是猫。我尊重她的自身和本质。带着这种尊重他们想法的态度能更好地帮助他们控制自己，并更容易接受你的指导。这是双赢，但很多人都很难做到。如果说本书中的所有内容都有一个统一的主题，那就是**基于尊重去接近**孩子或其他人。这很难，因为这要求你做到非常非常多。之所以困难，还因为我们通常并不这样建立与他人的联系。作为一个与孩子一起工作的成年人，你可能是第一个会蹲下，看着他们的眼睛，说出**"你很酷"**，并且真正相信这一点的人。你可能是第一个认为他们和你一样重要的人。对于孩子来说，这非常重要，当然，对任何人来说都是非常重要的。所以当你主动帮助某人时，如果你说请、谢谢你、提出开放式问题，或者只是微笑并点头，你就会得到这样的反应。

孩子通过类似的互动，学习到的另一项重要技能是自我表达。当孩子们开始解决他们所面临的问题、事件或担忧时，他们把自己置于了一个脆弱的境地。当他们和你（营地辅导员）在一起时，你可能觉得你是他们最好的朋友，但实际上你是一个只认识他们5天的陌生人。他们会选择性的根据你对他们所说所做的反应，学习一些关于自我表达和个人身份的重要技能。就像**猫女孩**一样，这些孩子一生中遇到的大多数成年人并没有真正理解他们。因此，请成为少数能理解他们的人，请不要批判他们，让他们做自己，你可以支持他们经历自己的成长过程。

尴尬的成人时刻：伪装游戏，沉默和解决问题

以**猫女孩**为例，你们中的许多人一定想过，"是的，但是我们的底线在哪里？"当孩子们通过伪装或比喻来表达自己时，什么是可以接受的，是什么让孩子真的认为自己是哈利·波特？究其本质，我认为这是一种判断，但如果必须有一个指导方针，我认为这一方针需要与生产力或效率有关。伪装游戏能够满足什么需求，是一个怎样的应对策略呢？并不是每个孩子，甚至不是每个成年人都能够面对自己生活中的感受，想法或观念。无论是面对家庭问题、学校问题、朋友还是社会

灾难等，重要的是灵活应对，允许孩子们自由表达。有时伪装游戏，玩耍，社交故事等都是孩子们以安全的方式表达自己的需要。如果你见过孩子和假想中的小伙伴一起玩耍，你会理解我在讲什么。我外甥女伊莎贝拉的玩具有创可贴，钢琴，梅子等，因为妈妈必须上班，或有时这些玩具"不舒服"，她就会哄她的玩具睡觉。我外甥哈里森也有他自己的故事。他会把车两两相对排成一行，因为他说车不开心了，需要聊聊。孩子们在伪装游戏里可以舒适地驾驭不同的情绪和行为。我们需要给他们空间这样做，并以他们需要的方式表达自己。当她爸爸暗示他的真名是冈瑟，伊莎贝拉便把自己扮演成枪的角色，我甚至无法说出伊莎贝拉的愤慨。这是营地，我们可以伪装，没关系。

和**猫女孩**相处的某些时刻，我们会陷入**沉默尴尬**的境地。好多次我都要努力寻找合适的话语，来回复这些不恰当的话。我的意思是，你对**"我是一只猫"这句话**该怎么回复？事实上，很多和孩子们交谈的时刻都充斥着尴尬和沉默。从那些**"你开玩笑吧"**的时刻到**"真没想到"**的时刻。你会发现自己和孩子的互动是一个漫长而缓慢的过程，宛如矩阵迷宫。没关系。大家都一样。这种情况可以激发你的处理能力，对良好的解决问题和冲突管理非常重要。事实是，那些时刻让人尴尬，而你知道应该怎么做或怎么做合适的时候去道歉、解释、谴责、责备、哭泣、大喊大叫、大笑等，这都是很好的回应。**让孩子们享有沉默的时刻**，给他们空间解决问题即是帮助他们。不要让他们为自身的想法和主意而坐卧不安。因为成年人面对沉默时坐卧不安，所以孩子们会学着回避沉默。因此，很多人（包括成年人，或者说成年人尤其如此）不会真正花时间处理事情，他们在说话之前就采取行动。哇！这就是那类"成年人告诫孩子这么做，自己却不会这样"的例子，就是这样！

我接下来要说的话你可能不喜欢，**特立独行的孩子会让大多数成年人感到紧张**。如果将那些我们认为有特殊需求的孩子包括在内，那么这个陈述仍有一些道理，我这里讲的是世界上的**猫女孩**们，那些在人际交往中会尴尬的孩子。发生这种情况的原因有很多，最大的问题是，大多数成年人都在努力适应，做正常的大多数。当然，我们并没有意识到这一点，因为我们倾向于认为我们已经经历了这一阶段（参见本书开头关于"酷"的注解），这对我们的成年人自尊是一个相当大的打击。营地提供的环境把许多典型的社会和文化压力都最小化了，遵守规则的压力也是如此。让那些特立独行的孩子与众不同吧，让你自己感受由此引发的偏见或紧张，然后**改变你的行为**。你可以在与特立独行的孩子进行互动或一起工作时感到紧张，但不可以忽略他们或歧视他们。明白事情的本质，这会更容易管理、合作。如果你因为她自以为是只猫而挣扎，这有点奇怪，那么听到她的弦外之音，这比纠结于字面意义会让你更轻松。

营地锦囊

帮助孩子解决问题时，请记住，这是他们的问题。**尊重**孩子，帮助他们**发展自身解决问题的能力**。

他们的解决方法或策略与你的不同，但并不意味着毫无效果——带领孩子找到自己的路，**你自己远离问题**。

和营员一起处理问题时，大多数尴尬时间只是因为**你觉得尴尬**。

有的孩子需要**伪装游戏**才能明白。

有时，**沉默**帮助孩子处理问题。

做自己!

真诚地做你自己,我也会做我自己,你会看到,自己真实的模样。

——DMX 歌曲《做自己》

作为营地辅导员,我遇见过各种类型的营员。有吵闹的、害羞的、外向的人、行为出格的、生病的、梦游的、尿床的、乡下的、城里的,我甚至还遇见过一个昆虫男孩。我当时并没有意识到这一点,但之后我才知道他实际上已经诊断出患有深度孤独症。那时他只是有点古怪,不擅长社交,僵硬死板,是我带过的最奇怪的营员了。你可能猜到,他和宿舍其他人不是很合群。其他人都是普通的8岁儿童,喜欢运动,玩泥巴,跑步,喜欢吃牧场沙拉。起初他们努力带着昆虫男孩一起玩,但让他真正融入需要花费太多精力。

"嘿,伙计,想和我们一起玩不,我觉得山姆想踢足球比赛?"喜欢运动的**男孩**问道。

"哔哔哔–啵–哔–啵–嘟嘟嘟–哒–啵……我是机器人。"昆虫男孩回应说,身体向外倾斜,双臂摆动,眼睛盯着地面。

"呃,斯科特,他的意思是他不想参加比赛?"体育男孩有点困惑地问道。

后来我发现他其实想参加,只是不知道怎么回应。大多数孩子对他不好,所以他学会了自娱自乐。在学校,在他家附近,甚至在营地这样的地方,大多数孩子都会忽视他,让他远离人群,或者更糟,欺负他。对他而言,这种经历总是相似的。

营地里的初级辅导员和我都很难过,我们尝试了一切方法,我们非常希望拥有一个**那样的宿舍**。大多数营地辅导员都知道我口感中的"**那样的宿舍**"。那种非常合得来,凝聚力很强,无论面对什么都团结友爱,风趣幽默,相处和谐的宿舍。我们有非常好的孩子，但没有那样的宿舍。**昆虫男孩**还是不合群，他总是有些奇怪。因此，我们尝试了互相了解游戏，记名字游戏，团队建设游戏，项目冒险计划，还带他们参加低空绳索课程，自然冒险，给他们讲故事的时间，玩烹饪游戏（每个人都坐在新伙伴的旁边），我们甚至提前过夜露营，努力让这个小组有凝聚力实际上，一点用也没有，**昆虫男孩**的怪异在团体中变得更加突兀。

但就在那一刻，我们看到一只非常讨厌的昆虫的那一刻，我们看到了真实的他，清晰的他。在休息时间我们坐在小屋里休息（很抱歉开这个玩笑，特别是向那些带 7~9 岁男孩的辅导员道歉），看到一只小小的、黑褐色的有壳的虫子，从干净整洁的地板（再次抱歉）爬过。**爱运动的男孩**从床上跳下来仔细看。与大多人一样，他的第一反应是踩扁它。当他的脚高高悬在那只移动缓慢的头脑简单的虫子上方时，他听到有人说"不！"。

"我打赌，我们可以找到方法把它赶出去，不用杀死它。"我用 20 岁成年人的认真态度对一群 8 岁的孩子说。

"当然，我会想出办法的！"冒险男孩说，他总是愿意做那样的事情。

他弯下腰用双手捧起虫子。我从上面和他说，"呃，等等！**你不应该碰它，它可能有毒。**"这句话很有效。大多数孩子，尤其是男孩，对虫子以及成年人提醒他们可能有毒的东西非常感兴趣。但是在这个场合，这个方法没那么好用，因为此时我们在房间里有一位专家。

"嗯，斯科特，实际上这是一个鼠妇属普通卷甲虫，它没有毒。"昆虫男孩流畅地说。

咦？屋里出现了诡异的安静。发生了什么？其他孩子会如何反应？他究竟说了什么？

"真的？所以我可以摸？"冒险男孩小心翼翼地问道。我刚要回答，一抬起头来才发现他问的不是我，是**昆虫男孩**。

"当然，把它放在宿舍后面。**这种虫子不喜欢白天活动，不喜欢在太阳底下活动。宿舍后面非常潮湿，它会喜欢这种环境的。**等等，这可能是只雌虫。**雌性白天活动多一些。**"昆虫男孩回答说，就像向指示射箭方向一样平常。

我想说，我是一位聪明、诙谐、灵巧的营地辅导员。虽然我有我自己的闪光时刻，但我对此确实一无所知。就像宿舍里的其他人一样，我假装对这种互动习

以为常，仿佛就应该这样。我的初级辅导员注意到了我并不了解这个小男孩很喜欢虫子。那天晚上孩子们上床睡觉后，我们围着火圈玩，突然之间产生了一个很好的想法。我们应该有一个特定的宿舍主题日，我们向全世界宣布明天是 14 号宿舍的**昆虫日**。我们很快制定了主题日和计划。要做的第一件事就是去手工艺品制作课上制作服装。我们要筑巢而不打扫卫生，我们要爬行而不是走路，我们会自己捕获食物，饮用虫汁^①。

那天早上，我们伴着探寻部落乐队（A Tribe Called Quest）的歌 *Buggin' Out* 醒来。我们告诉孩子们，营地有一个古老的仪式，只有最年轻的成员才能体验到。今天，我们纪念营地中最小和看似最微不足道的生命，今天是"**昆虫日！**"我们解释说，几个世纪以来，营地中最年轻的成员都被赋予责任和义务，欣赏所有的昆虫，它们是地球生命的基础。这个说法很容易让孩子相信。

"有没有人知道，如果核弹爆炸，只有蟑螂能存活？"

"不可能吧！太酷了！！"

这个光荣的机会被授予最年轻的营员，是因为随着年龄的增长，人们会逐渐失去真正欣赏东西的能力。这种能力就像肌肉，你只有在孩提时代使用它，才会在成人后知道怎么使用。

为了迎接那一天，我们必须制造装备，所以大家都去手工艺品制作小屋做昆虫服装！当我们到达那里时，小组中最风趣的男孩子，**滑稽男孩**，跳到门廊上，拱起背部，四肢趴在地上，大叫："**我要做蝎子，我要做一个贝壳！**"

"听起来不错……"我说道，但马上被人打断了，"**不！这可不对。蝎子有盔甲，没有贝壳！**"**昆虫男孩**回复到，语气很愤怒。

我僵住了。这话有点苛刻，并不是说在某种程度上，昆虫男孩不该这么和其他孩子讲话。我的意思是，在大部分时间其他孩子都不带昆虫男孩一起玩。不要误会我的意思，我不相信任何**以眼还眼**或其他复仇式的行为管理方式。只是我们终于进入了**昆虫男孩**的世界，他（可以说是）在捍卫自己。我僵住的原因是担心其他孩子可能会攻击他。领头的孩子是一个"怪人"，大部分孩子可能会对此感到害怕不安，毕竟他们之前从未有过这种经历。

"哇！盔甲！真酷！斯科特，我真的可以做盔甲吗？"**滑稽男孩**高兴地喊道。

---

① 虫汁是美国的一种混合果汁。

"那我呢？我想做蜻蜓。"运动男孩打断了他。

"你看起来像一个巨大的蜻蜓目豆娘。豆娘可以到处飞，速度达到每小时50英里！"昆虫男孩笨拙地开始了他的对话。

然后我们走了。那天早餐我们迟到了，因为我们讨论了各种昆虫腿之间的差异，以及它们是如何弯曲的，这很有趣。

那天早上，我们进行了昆虫徒步。最开始，我们讲了一个改编的猎熊故事。讲这个故事是为了让营员能接受昆虫。故事的基本内容是，**我们在做昆虫主题徒步，我们会看到一些大虫子，但我们不用害怕它们**……很快每个人都开始讲"**遇到**"了某些东西，并弄清楚如何不被它们发现。我们一路上走的很开心，这时某个营员发现了一个毛毛虫。

"快看，一只毛熊！"冒险男孩惊叹道。他和我们一样，把毛茸茸的毛毛虫称为毛熊。

"实际上，这是一只巨型豹蛾，即豹纹木蠹蛾。它们有橙色或红色的尖刺。"昆虫男孩脱口而出。

"真酷！"他一边说，一边弯腰捡起来。

"如果我是你，就不会拣。"昆虫男孩讽刺地说，冒险男孩赶紧拿开手。

"它们是杂食性的，这意味着它会尝试吃掉所有东西，包括你的手！"他用手指指着天空说。

然后我们开始寻找自然界中最酷、最不寻常的生物，让我们的常驻昆虫专家进行检查推理。也许还不是十分肯定，但我想昆虫男孩终于体会到了拥有朋友，合群，是个酷孩子是怎样的感觉。

那天晚上，我们在树林深处的一个场地举行了一场特别的篝火仪式，我们用烤棉花糖和虫汁纪念这一天。我们每个人都谈到应该如何尊重社区中最小的生物，我们制定了一个简单的规则，将它们赶到外面，而不是踩死它们。

我不打算给这个故事一个美满结局，说**昆虫男孩**开始成为酷孩子或最受欢迎的人，其实他没有。他仍然有点古怪，仍然在做奇怪的事情。然而，他确实得到了其他营员的喜欢、理解和接受。大多数人，包括孩子，都需要某种方式来相互联系。我们通过分享自己的兴趣成功融入小组后，可以发现很多这样的东西。通常来说，有时候我们有必要利用自身真正的优势、技能和能力来建立桥梁，并让其他人有机会与我们产生联系。

昆虫男孩做到了。虽然他不是大家最好的朋友，但他是小组的一员。奇怪的是，作为营地辅导员，我最自豪的一个时刻来自于这个**昆虫男孩**的经历。我住在靠近门廊的宿舍里，很多营员在空闲时间在门廊闲逛。我听到几个孩子在另一个宿舍说话，然后他们突然开始给**昆虫男孩**取绰号。我刚要伸手开门，就听到**滑稽男孩**过去说：“嘿，闭嘴！不许说他！”

我心里想，"**太棒了，有人维护他了**"，感觉很开心。然后我听到**滑稽男孩**对**昆虫男孩**说："给那个人取个虫子的名字！"

作为营地辅导员，我们经常寻找孩子们身上最好的品质，并不断找到一些令人惊讶的品质。想想它们的力量，在这里，你是一个虚拟的陌生人，但却是地球上最酷的人，你注意到了孩子做的好事，他们很有趣，他们可以讲述很棒的故事，他们真的很执着，他们很容易交到朋友。如果有人发现了你做的事情该怎么办？如果有人注意到这些事情并与你谈论这些事情，难道你不会受到激励，鼓舞和振奋吗？为孩子这样做，然后你会一直注意周遭的事物。当你积极尝试在周围的孩子身上寻找各种闪光点时，你会更容易看到自己。

做自己！ 这是从罗素·西蒙斯（Russell Simmons）的新书《做自己！12种方式发掘自己内心的力量获得幸福成功》中借来的一句话。这是一个口号，它的历史源于布朗克斯的嘻哈文化。这是对权力的呼唤，是一首生活在贫民区的孩子们的歌。你可能没有多少物质资源，但是你拥有自己，你唯一能做的就是做你自己。这个口号为处于贫困和种族歧视中成长的青年提供独创性，创造力，生存主义等文化主题。我打算从他们的经历中收获经验，做自己！这是我们唯一能做的事情。

我们每个人都有自己的技能、优势和能力。我有很多长处，我会记住垃圾场狂欢夜，会值得他人依靠，会做早餐，善于倾听，擅长射箭。我是怎么发现自己技能的呢？有一些很容易，只要你做了或者说了，你会得到及时反馈。例如，在射箭时，我经常击中目标，因为我知道有一个靶心。我不是奥运射手，但我自己、卡莉·福尔摩斯（Carrie Holmes）、卡琳·勒特（Karin Lutter）、戴夫·博格斯多夫（Dave Borgsdorf）和萨姆·霍伦谢德（Sam Hollenshead）都技术不错。我会做美味的早餐，至少卡琳觉得很好吃，她每次都会吃我做的饭。人们的即时反馈可以告诉我们很多信息，但不能反映出我们一切。我擅长倾听是因为很多人和我说话，向我倾诉一些事情。也许我没有找对原因，但事实应该是这样的。

人们常常和我说话 = 我擅长倾听的原因

这不是精确的科学。我必须练习我最感兴趣的技能、优势和能力，所以我一直都在聆听。我把它拆分成如下部分。

倾听

他们做什么？	他们说什么？
目光接触	"我听说……"
微笑点头	"我对你说的话感兴趣……"
等待别人说完	"你的意思是……"
如果合适，请做笔记	"昨天，你提到……"
面部表情的反应	"听起来你不安，你有更多需要补充的吗？"
站在他们的高度看问题	
赞扬营员，积极沟通	

看起来是不是很熟悉？就像我之前说的那样，当我们定义这些技能和优势时，我们需要将它们分解，以方便实际练习。可能有一百万种方法可以用来确定你的优势，这里介绍一个我最喜欢的、非常有用的工具网站 www.authentichappiness.com（VIA 优势调查）。作者兼心理学家马丁·塞利格曼（Martin Seligman）博士在其职业生涯的大部分时间里都对幸福和特征优势进行研究。他归纳总结了一份可以精确测量的列表，其中包括 6 个类别中的 24 种跨文化特征优势。

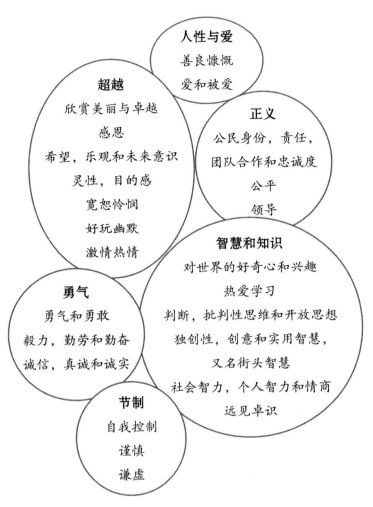

参与这一简短的调查是非常值得的。虽然肯定还有其他一些技能或优势，但能掌握这些就已经很好了，因为有其他人去完成那些艰苦的工作。塞利格曼对不同文化进行了研究，制定了可靠有效的调查方法来衡量它们。换句话说，他证明了这些技能是有效的。使用这样类似的量表还有一个好处，它不再让你感受到"**可以说是几乎无限的技能**"这样的压迫感，它会给你一个确切的开端。无论你是根据周围的反馈，自己的直觉，或者使用像塞利格曼博士的工具（我建议三者你都采纳），你都需要确定你说技能、优势和能力。

运用你的技能

当你知道自己的优势是什么时,你会怎么做?这可能听起来很基本,你需要弄清楚营地的工作、职责和各项责任的用处。然后,**做你自己!**

每个营地都不同,但我已经使用塞利格曼博士的特征优势理论开始列清单了。[1]

对世界的好奇心和兴趣

对新体验持开放态度,并对不符合你先入之见的事物保持灵活态度。这不是简单地容忍不明的事物,你应当喜欢并对它很感兴趣。好奇心可以用于特定的事物和行为,也可以是普适性的,就像睁大眼睛观察生活,积极参与并始终寻求新颖和不同之处。

你能在营地做什么?

- 新的计划和活动发展;
- 冒险和讲故事;
- 创造力;
- 每届营地都带新的和/或不同的年龄组;
- 帮助集体讨论并重新制订计划,安排等。

热爱学习

你总是喜欢学习新事物:去学校,博物馆,阅读,尝试新事物等。在任何地方你都能找到学习的机会。努力做到在精通的知识领域有话可聊,并向这一领域的专家迈进。

你能在营地做什么?

- 与安静的孩子们一起玩;
- 进行一些不太活跃(但涉及更多大脑活动)的游戏(如精神科医生和3个猜想游戏);
- 开展不同的活动或营地主题日;
- 构建营地的历史,传说和神话;

---

[1] 所涉及的描述基于塞利格曼博士的书籍《真实的幸福》(Authentic Happiness)。

- 讲故事，阅读；
- 渐进式项目。

判断，批判性思维和开放思想

仔细思考并审视各方面的问题，凭借坚实的证据和理性的论据做决定。评估完情况后，你完全可以改变你的想法。客观理性地确定对于每个人来说，什么是最好的。在抛除偏见和避免其他影响操纵你的情况下思考问题。

你能在营地做什么？

- 对活动和计划进行评价和估算；
- 解决各类问题：营员问题，员工之间的问题，来自卫生部门和／或美国营地协会（ACA）的挑战或障碍；
- 制定和评估应急程序；
- 优化或开发营地的系统和流程（即开放和关闭日，新项目等）；
- 在营地实施新的变革。

独创性，创意和实用智慧

（又名街头智慧）

经常能找到实现目标的新颖方式。在寻找替代和适当的处理方式时你总是富有创意，总是想尝试新方法。知道如何改变活动方式，使之多样化。在大多数情况下，即使你的性格不外向，你也会非常擅长社交。

你能在营地做什么？

预防和干预营员想家的情况；

- 制订活动和计划；
- 调解，谈判和妥协：小组／宿舍问题，两个或多个营员的问题，员工之间的问题等；
- 改进传统活动，在保持历史传统的同时使其焕然一新；
- 创造力；
- 设计活动或营地主题。

社会智力，个人智力和情商

你非常了解自己，你看起来很温和。你也非常了解别人，对他们的需求很敏感。通常能够意识到别人的动机和感受，可以很好地回应他们。能够感知房间里别人的情绪和团队的意图，可以表达自己，并且可以有效而清晰地反馈自己的体验感受，有很强的促进自身茁壮成长的能力。

你能在营地做什么？

- 团队建设，低空/高空绳索活动，个人动员，进行汇报；
- 围绕露营小集体和团队动态解决问题；
- 能够应对想家和其他难以解决的营员问题，特别是当个别营员表现的比较疏离时；
- 讲故事，冒险；
- 灵活性，在最后一分钟也能改变计划；
- 担任员工的管理者。

远见卓识

这近乎智慧本身。你和你的经验能够帮助他人解决问题或建立观点，你能让周围的人平静下来，你有自己看待世界，表达意义的途径，并且你的方式能让自己和他人感觉舒适。

你能在营地做什么？

- 解决问题，包括处理严重的员工问题（如员工被解雇）；
- 在营地开始和结束时，与营员的父母深入交流；
- 帮助传达政策和程序的变化；
- 在出现危机和情况紧急时提出想法和见解；
- 帮助制作开始和结束日的待办事项列表。

勇气和勇敢

你在面对威胁、挑战或困难时不会退缩。即使面对让人感到难以接受、困难或窘迫的境地，你也能捍卫自己的智力或情感立场。你很少有害怕恐惧的感觉。

你能在营地做什么？

- 营员的角色模型挑战活动——做一些新事物（例如攀爬墙、高空绳索、马匹、游泳等）；
- 应付不受欢迎的访客，他人或动物；
- 开展没有照明的夜间活动；

- 健康的角色模型冒险活动——展示能够促进我们的恐惧和只会使我们害怕的恐惧之间的差异；
- 在紧急情况或危机中找到援助人员。

毅力，勤劳和勤奋

做事有始有终。始终以良好的态度和极少的抱怨来承担困难的项目和挑战。言出必行，能者多劳。心思灵活，了解规则在哪些情况下会有效或者失效；目标卓绝，但不一味追求完美。

你能在营地做什么？

- 帮助准备美国营地协会（ACA）参观访问的文档记录；
- 帮助创建有关活动区域、计划、生活区等的员工培训**待办**事项列表；
- 解决问题，特别是与难以沟通的营员有关的问题；
- 策划所有夏令营活动，包括主题日或其他大型项目活动。

诚信，真诚和诚实

为人真诚，不仅要说出真相，还要以真实的方式生活。脚踏实地，不虚伪，做一个真实的人。以真诚的方式呈现自己，兑现承诺，表达意图。

你能在营地做什么？

- 帮助解释一些政策和程序；
- 调解和解决问题，解决员工之间的问题；
- 管理商店/交易站；
- 在卫生工作者或护士休假期间，帮助填写表格；
- 与家长沟通。

善良慷慨

对别人很善良慷慨，你永远不会因为忙碌而停止帮助别人。即使不熟悉他们，也乐意为他人做事。认真对待别人的利益，不断寻求了解他人的经验，与他们建立联系并认可他们。总是是把别人的需求放在自身需求的前面。对你身边的每个人负责。

你能在营地做什么？

- 擅长解决问题，进行谈判；

- 与年龄最大和最小的人都能愉快相处；
- 以身作则，能够对"坏工作"抱有一个最佳态度；
- 帮助解决危机和紧急情况。

爱和被爱

重视与他人的亲密关系。把别人吸引到你的人际关系中，他们也常常对你抱有强烈的爱。喜欢亲密的人际关系，可以很容易地向人表达爱意。

你能在营地做什么？

- 优秀的领导和管理者；
- 示范积极的团队变化和辅导过程；
- 解决问题，特别是与难以沟通的营员有关的问题；
- 确认员工内部的人际关系问题。

公民身份，责任，团队合作和忠诚度

你是优秀的团队成员。是一个忠诚且专注的团队成员，你总是在分享，为团队的成功而努力。即使小组的目标与自己的目标不同，你也可以轻松处理，你尊重身边有地位或已经获得他人推崇的人。

你能在营地做什么？

- 优秀的发言人；
- 在开放日和关闭日与家长沟通；
- 帮助培养员工团队，并在发生变化或巨变时将大家重新凝聚起来；
- 在项目变动时临时顶替，及时补上；
- 员工领导和管理者。

公平

不要让自己的个人感受影响你对他人的决定。当你对他人带有偏见时，要用平等的方式处理。要以强大的善良和道德为引导，如同对待自己一样对待他人。

你能在营地做什么？

- 行为管理，问题解决；
- 评估营地中不同的个体角色对营员与他人联系程度的影响；
- 发现不公平的做法，政策和项目；

- 创建以包容和公平为原则的游戏、活动、主题、计划等；
- 制定和/或促进主流的项目。

领导

有条理，有准备。擅长组织活动，组织人员、真正关心并认识周围的每个人。拥有大局观，并能根据更大的利益做出决定。其他人似乎都被你吸引，会询问你的建议或意见。

你能在营地做什么？

- 优秀的领导者，管理者和主管；
- 和家长沟通；
- 组织所有夏令营活动，主题日和其他大型活动；
- 示范特定技能；
- 解决问题，特别是有关政策、程序和其他的重大问题；
- 帮助营地发生变革。

自我控制

可以控制自己的欲望，需求和冲动。不仅知道什么是对错，还能付诸相应的行动。当他人感到不安或有什么不好的事情发生时，你可以轻松地保持冷静。他人遇到危机时会寻求你的帮助，因为你非常可靠。

你能在营地做什么？

- 在紧急情况或危机中出色应对出现的问题；
- 帮助推广和解释美国营地协会（ACA）或卫生部门的标准；
- 解决员工的问题；
- 伟大的领导者，管理人员和主管；
- 对工作人员和营员负责。

谨慎

你是一个细心的人，通常不会说或做那些你可能后悔的事情。在意共识，懂得妥协，行动前会对对方进行全方位了解。有远见卓识，可以清楚地表达自己的想法。你懂得为实现长期目标，在适当时推迟短期的目标。

你能在营地做什么?

- 帮助进行风险管理评估,促进营地发展;
- 发布新的政策和程序;
- 对计划和活动进行评价和估算;
- 调解和谈判,尤其针对员工内部的问题;
- 示范良好的判断和决策。

谦虚

你不寻求他人关注,更愿意用行动说话。你知道你的价值,但并不认为自己很特别。你会说自己和其他人一样重要。与其他人相比,你认为你的个人愿望、胜利和失败相对来说不那么重要,你对每个人在日常生活中所扮演的角色都非常尊重。

你能在营地做什么?

- 达成最佳的群体效果——这实际上也向营员了展示如何尊重他人,遵循指示;
- 策划大型项目,如主题日和所有露营活动;
- 协调工作人员事务和计划;
- 更容易与安静的孩子处理好关系。

欣赏美丽与卓越

你会停下来,闻一朵玫瑰的芳香。醒来的那一刻,会有意识地深吸一口气。会看到他人的能力之美、会被任何领域的专家吸引、你对事物的敬畏和惊叹能够触动你的灵魂。

你能在营地做什么?

- 活动和/或项目负责人;
- 评估渐进式节目、全天/露营活动等;
- 评估并洞察小事——营地文化,新想法,营员观点等;
- 管理者和主管——评估个人。

感恩

你永远不会把发生在自己身上的好事视为理所当然。你会花时间向他人表达谢意，能够发现他人的卓越和善良，并发掘出来。善良的人做好事能激励你，你的善行也能激励他人。

你能在营地做什么？

- 领导，管理者和主管；
- 活动和/或项目负责人；
- 与家长沟通；
- 推行和管理所有营地活动。

希望，乐观和未来意识

对未来有很高的期望，制订计划并努力工作，以实现自我的期望。你对生活有积极的看法，把事情视为挑战而非障碍。希望事情能够顺利进行，为此，你通常很努力地去计划和行动。其他人发自内心地喜欢和你在一起，因为在你周围会变得积极。

你能在营地做什么？

- 实施新政策，程序，计划等；
- 制订营地的长期计划；
- 解决问题，特别是员工问题；
- 管理营员的行为，尤其是那些难以相处的营员。

灵性，目的感

对于生命的更高目的和意义，你有着强烈而连贯的信念，你知道你适合宏大计划的哪个部分。受到挑战时，你的信念会塑造自己的行为，这成为你安慰的源泉。

你能在营地做什么？

- 团队建设，个人动员，团队动态——在汇报和处理经验方面表现出色；
- 思考，冥想或其他个人反思型活动；
- 为员工培训提供便利，提供宏观的想法；
- 夏季中期考核时，员工的焦点和榜样。

宽恕怜悯

原谅那些冤枉你的人。总是给他人第二次机会，有怜悯而非复仇之心，当你从被动变为主动原谅某人时，你会感受到自身的转变。你对事物的真实态度和消除负面想法的能力能够安慰他人。

你能在营地做什么？

- 领导，管理者和主管；
- 解决问题，特别是员工问题；
- 解决特定的营地问题；
- 提供全局和广阔的视野——为整个营地做出决策。

激情热情

你是一个活泼的人。你会将自己全身心投入到工作中，其他人发自内心地认为，你不会选择任何其他的事情或成为其他的样子。你能够去理解他人的经验，你精力旺盛，使人放松。同时，你也非常喜爱自己的工作。

你能在营地做什么？

- 领导，管理者，主管；
- 领导所有的营地活动或计划；
- 一般活动或项目的负责人；
- 帮助进行员工培训，激励员工，专注工作；
- 开营闭营——有很大的影响力；
- 推行、发展和修订培训课程。

好玩幽默

你喜欢笑，给别人带来笑容。你可以轻松地看到事物的好处，经常重新构建事物，并让别人看到。你知道如何玩耍，你可以放下一天的烦恼，放松自己。其他人则被你的自由精神和积极、有趣、精彩的态度吸引。

你能在营地做什么？

- 发展和促进员工培训的独特重点；
- 解决问题，尤其是非常棘手的营员问题；
- 示范创意活动和计划；
- 讲故事，冒险。

发展自己的技能

你知道了自己的技能是什么，知道了如何使用技能，现在，你需要学习如何发展自己的优势和技能。完成这个清单，每天查看一项技能，并决定你要练习其中的哪一项。

你会怎样做？你打算怎么说？

列表中没有的内容你也要不断练习。也就是那些我们曾经称之为弱点的东西，那些挑战我们的东西。到目前为止，这一切都是建立在你已经拥有的优势和技能这一基础之上。当你感到强大、安全、干练、成功时，你会更容易接受那些你不太擅长的东西，并做出改变。

优秀的营地辅导员明白，员工培训永远不会真正结束。为了给孩子们提供最好的营地体验，你需要不断地发展和成长。以小而有力的方式推动自己，迎接挑战，你可以做到最好。

营地锦囊

做到最好，需要你思考并**确定**你的**优势**是什么——你擅长做什么？

借助《真实的幸福》中的技能组合，结合你的工作描述，"理想营地辅导员活动"等工具，帮助自己定位自己的长处和短处。

确定自己在营地中最适合的角色、工作和职责，进而有针对**应用你的技能**。

每天醒来后，确定你要做的 3 件事，以此来**发展你的技能**。

明年夏天再见！

感谢你阅读本书，希望本书对你有所帮助。当你投身于儿童事业时，会让世界变得更美好。同时，你与他人的关系，你认识的人们，特别是那些孩子们，这些也能改变你。

营地是一个特别的地方。在这里，你可以花时间理解周围的世界，也可以将一切时间投入学习、成长，然后你就会知道为什么这里**不仅仅是营地**。

伯特湖（Burt Lake）的日出
（摄于阿尔冈昆营地）

我在营地长大。在这里我第一次亲吻女孩，第一次打架，获得了最好的朋友，取得了极大的成就，度过了人生中那些最具有纪念意义的时刻。我学习到生活的真谛，向他人献出爱心，享受了生活的乐趣，生起了熊熊的营火。我甩过别人，也被别人甩过。我跳过舞，也哭泣过，我看到了第一颗流星，也学会了如何信任别人。我不停地跑，直到跌倒，仿佛每个夏天都过了1000种生活。我知道自己有哪些性格，又不具有哪些特质。我学会了随地大小便不如到树林里解决。我知道我们要对面前的人负责，也要对追随我们的人负责。我陷入爱河，并走向婚姻殿堂。这一切都发生在营地。

其中有一个时刻很难忘。这个时刻混在其他的大事、里程碑或难忘的回忆里，很容易被遗忘。但它却熠熠夺目，因为它简单，纯真，塑造了我的生活。这就是我和本、菲利普一起收集100块同样大小的石头的故事。

我们在森林里泉边的一个过夜点附近徘徊，水面上有几棵倒下的树木。我们的辅导员一次又一次警告我们，不许攀爬树木或是在树边玩耍，这是禁区！没得商量。但是，当我们3个人到达那里时，就直奔那些树过去了。我们在大树枝之间跳来跳去，尽量平衡自己走到更远的树梢。然后我们想到了一个主意，来一个集体挑战。我们能不能同时站到一根没有任何树杈的硬树枝上呢？我们能在那根树枝上走多远呢?

我们冲过水面,互相抓住手臂,大摇大摆,放声大笑。突然,本跌倒了,他身下的木头好像消失了一样。他使劲挥手臂,想抓住不存在的树杈来恢复平衡。最终他抓住的不是树枝,而是我,然后使劲拉我。他的另一只手也毫不犹豫地找一个能平衡重量的载体,最终他抓住了菲利普。像电影里的慢动作那样,我们3个人都朝着水面摔倒了。

啪!我们都落水了。水不是很深,也许是一两英尺,所以我们就很快掉进水里,从头到脚都湿透了,那个下午我们还不如去游泳呢,我们垂头丧气地回到营地。或许,我们应该在辅导员看到我们之前就换好衣服的。我们浑身滴水,这就证明我们都爬过树了!

那天下午我们运气不佳,立即被营地辅导员发现了,穿着湿哒哒的衣服就被直接送到营地主管的办公室。

"你们做了什么?告诉了你们不许靠近那些树木的!"主管责备道,"好吧,你们得做些事情来重获你们的权利。听我说,你们到奥吉布瓦部落(Ojib)那边堆100块一样大小的石头,你们就没事儿了。唯一的要求是,你们不能去水边捡石头。"

我们大概花了3个小时找石头,我们一边抱怨不公,一边核对着石头的大小,估摸着没有人真的会一直数到100。

要么是纯粹的天赋,要么是纯粹的巧合,但那段经历向我展示了营地的本质。我们一起欢笑,互相帮助,这个最简单的任务成为一个史诗般的计划,把我们维系在一起。我没有学习任何重大的人生课程,也没有听辅导员或营地主管告诉我一些改变生活的轶事,但那一刻我开悟了。

当我抱怨着什么的时候,菲利普转过身对我说:"**总有一天你会把这件事作为谈资告诉别人!**"

那已经是20多年前的事了。作为营地辅导员,你将对孩子的生活产生积极影响。从现在开始的20年后,因为你今年夏天的样子,有些孩子会因为你今年夏天所说的某句话而更加尊重自己,有些孩子会因为你今年夏天所做的某件事情而对自己有所了解,20年后,有些孩子会将之(也许是作为一名营地顾问)回馈给别人。这是一种少数人才能获得的力量,不要把它视为理所当然,它可以随时发生。

常 联 系

行动号召

  感谢您抽出宝贵时间，思考这些想法。不幸的是，真正的难题还在后头呢。每当我在营地进行培训时，我都会先问营地辅导员我们将要做什么？你有什么期望？营地辅导员每一次的答案出入都很大，这些答案往往与主管或管理层告诉他们的内容有关。有时辅导员们不知道为什么他们需要和我坐在房间里。其他时候，他们会低头看他们的日程安排，并回答"呃，解决问题？"我目前为止得到的最有趣的答案是：**"你应该激励我们，解决我们所有的问题……但你只有48分钟，所以你最好尽快！"** 无论这是你的第一个夏天，第20个夏天，还是第50个夏天，你的第一步就是问自己"我期待什么？"，并开始思考你将带一群孩子经历怎样一段旅程。

  之后我会问到的问题有规则是什么，或是我们应该在培训期间一起尝试和记住什么。毫无例外，我总是听到，**"我们不应该睡觉。"** 于是我就问主管为什么。大多数时候，每个主管答案都会直接指向我：这很粗鲁，你已经走了很长一段路，你正在努力工作等。然后我接下来说的话会让每一位主管都有点慌张。

  "我不在乎你是不是在睡觉。我也不在乎你有没有专心听讲。"

  你知道，如果我介意某人睡觉，或者真的认为某人睡着了这一行为很粗鲁（事实上我认为这仅仅是不礼貌），那么我会说培训与我有关，我需要完成我的工作，我需要开展有趣的活动，提出很多问题，那么我就要对它负责。事实并非如此。我总是说，如果你睡着了，应该介意的是你周围的人。一天的培训结束后，我就会奔向下一个营地。而坐在你身边的人才是你在这个夏天里要依赖和信任的人，如果他们在训练期间睡着了，4周或5周后会是什么样？

  所以，这本书是关于你的。你会怎样做？随你便。但你会影响每个来你营地的营员。

  我希望你每天醒来时都提醒自己，你要成为什么样的人？你要接触谁的生活？你怎么能成为最好的营地辅导员？

员工培训永无止境

最优秀的营地辅导员知道，在最后一个夏令营的营员回家前，员工培训不会结束。有的辅导员甚至认为，员工培训永无止境。

如果您对营地相关培训、咨询或其他教育经历感兴趣，请联系我。让我们为每个孩子打造理想的营地！

Keep in touch!
Scott

斯科特·阿里萨拉（Scott Arizala）
营地辅导员

致　谢

如果没有我的妻子凯伦、我们的女儿和我的搭档娜雅……这些我生命中的女孩们的爱和支持，这本书是不可能完成的。感谢她们的耐心、爱心，还有她们超级棒的想法和反馈意见。

多年来，在我生活中扮演重要角色的人太多，尤其是我的父母，没有比我的父母安迪和安妮·阿里扎拉更重要的人了。我想，如果没有他们的爱和支持，以及多年来在营地中对我生活上的照顾，我不可能全身心地完成此书。他们一直是我的引路者，坦率地说是我遇到过的最好的营地辅导员。我还要感谢我的妹妹海蒂·阿里萨拉和我的姐夫肯·谢尔曼的支持和鼓励。还要感谢我的侄子哈里森和我的侄女伊莎贝拉，他们是我工作灵感的来源，他们是最酷的孩子！

还有我营地里的伙伴和家人们，感谢他们成为我想写这本书的理由。我见证了他们的成长，他们对孩子和营地所有的能量和热情时刻激励着我。请允许我在这里写下他们的名字，你们的友谊和支持永远伴随着我。对于 Al-Gon-Quian 营地的过去、现在和未来……只有爱！罗恩·金蒙斯、本·曼塞尔、凯莉·霍尔姆斯、帕蒂·迪松、本·安布罗西诺、阿莫斯·希拉托、诺亚·库兰特、西尔维娅·范·梅尔滕、戴夫·博格斯多夫、乔什·曼塞尔、迈克·博格斯多夫、安迪·霍尔科姆、菲利普·布莱克、山姆·霍伦斯黑德、切尔西·克雷斯、丽兹·格雷、哈娜·罗森丽兹通邦、弗雷德·韦纳、比尔·辛顿，我所有的蜻蜓森林家族，鲍勃营和卡罗莱纳营的工作人员。

多年来，我有幸认识了两个最好的营地顾问和老师——克里斯·瑟伯博士和鲍勃·迪特博士。他们既是导师，又是朋友。感谢他们的专业指导和启发。导师有多种形式和规模，虽然我们只合作了几年。还要感谢我的导师和朋友约翰·科尔本。他的建议和支持至关重要。

特别感谢摩西·库珀，我的营员和朋友。他教会了我如何成为一名营地辅导员。和摩西一样，我要感谢每一个一起玩耍和工作的孩子们，我有幸工作的每一个孩子，他们是这本书真正面世的原因。

还有其他很多的朋友和同事们，抱歉的是我不能说出他们所有人的名字。请相信，每个他们对我来说都很特别，谢谢这一切！

斯科特·阿里萨拉（Scott Arizala）
营地辅导员

不止于营地 S'MORE THAN CAMP
联合发起人

引进国际经验 助力中国营地教育发展

刘婷
中营联营地教育发展中心（CCEA）理事长
新东方国际游学 & 营地教育创始人/CEO

美国营地教育专家斯科特的这本书，不仅可以服务于孩子全面成长、助力家长及赋能学校的创新型教育思维，更能为中国泛游学与营地教育行业人员提供一定的启发。

代改珍｜博士
中国旅游协会亲子游与青少年营地分会·会长
童乡亲子研学·创始人
北京联合大学旅游学院中国研学旅行研究中心·主任

国际化的营地教育经验与中国本土的研学供给相融合，将更好地推动研学事业高质量发展。

宋辉
上海市民办教育协会·副会长
君学创始人

教育不止于课堂，户外不止于营地；
营地让教育更丰富，教育让生活更美好。

付德全
东方阳光（全国）教育连锁机构·董事长
CCEA中营联发展中心华南区域·副理事长
深圳市实践教育·创始人｜广东省研学旅行协会·副会长｜湖北省研学旅行协会·副会长

关注孩子，就是关注未来。融入自然教育，感受体验教育，贯穿爱的教育，实现自我教育，营地教育已经开始在中国实践教育沃土里深耕、开花与结硕果！

葛敏敏
中欧上海校友会亲子俱乐部·会长
恩挚教育·创始人

生命不息，运动不止。营地，"不只是营地"，是第二课堂也是生活方式，在积极的教育形式设计下，孩子们得到了身体健康、情感表达、社交沟通、户外生存的锻炼和成长。营地，"不止于营地"，斯科特在本书中，以专业权威内容让我感受到了生命的力量。

不止于营地 S'MORE THAN CAMP
联合发起人

引进国际经验 助力中国营地教育发展

丁长峰
万科集团 · 高级副总裁
酒店与度假事业部 · 首席执行官
悦榕中国 · 董事长

中国传统的教育模式正在受到来自于政策和用户层面的双重挑战，营地教育在通识教育和素质教育方面提供了非常有益的解决方案。少年强则中国强。源于欧美，与中国的教育实践相结合，营地教育在中国将拥有极为光明的前途。

吴志荣
力翰教育集团 · 创始人 / 董事长

营地教育集生命教育，情感教育，科学教育，美学教育于一体，以体验的方式培养孩子的沟通、观察、理解与动手的能力，养成独立自主、集体和爱的意识，寓教于乐。人之所以平凡，在于无法超越自己。营地教育是链接学校教育和家庭教育的最佳桥梁，是孩子实现超越自己的起点。

沈文博
北塔资本 · 创始合伙人

营地是最接近真实生活的教育场景之一，书中斯科特的故事让我发现，孩子们在营地体验学习的过程中，同步也在给予营地导师反思启示与心灵滋养。教育永远是关于人的，我们带着爱去阅读本书，也能从中感受到爱的回馈。期待中国的营地教育和营地人，能够发展得更好。

伍斌
北京雪帮雪业企业管理有限公司 · 创始人兼 CEO
北京市滑雪协会 · 副主席
《中国滑雪产业白皮书》· 作者

作为雪场运营机构，见证了滑雪冬令营从零零星星到花开遍地的过程，也看到了小朋友们在冬令营里的成长和快乐。相信《不止于营地》将为我们带来更多的惊喜！

王世刚
资深"冰雪＋营地"专家

2022 年冬奥带动了全民冰雪运动的热情，"滑雪冠军"成为很多中国孩子的梦想。我相信，冰雪运动与营地教育的融合与创新，将为中国孩子带来不一样的教育新体验。希望更多的人一起在营地教育中成长起来。

不止于营地
联合发起人
S'MORE THAN CAMP

引进国际经验 助力中国营地教育发展

吴湄
iKids · 创始人

营地是每个孩子成长不可或缺的一课，也是终身受益的一课！

黄伟茹
中国冠军营地 · 创始人

营地是一个点，营会是一节线段，人生是一条射线。在营地中的顿悟时刻，身体和灵魂同在，爱与活着并存，教育与生活同行。突破体力、脑力、心力，唤醒身体与灵魂的觉知，遇见更好的自己。

杨娇
良子文旅集团 · CEO
北京非凡足迹户外运动有限公司 · 联合创始人兼 CEO

营地教育在中国的未来，会呈现出多产业融合化与发展全域化的趋势。营地中自然与人文的结合、传统与现代的融合、历史与未来的传承，将陪伴和见证着中国青少年的快乐和成长。

魏永忠
畔谷教育 · 创始人

与时俱进的教育是无边界的，应该立足于未来社会的人才需求，用发现天赋的视角，打破教育资源在空间、形式和内容上的界限，所以营地体验也是践行无边界教育。

于明
信多帮科技 · 创始人

随着教育政策的全面改革，营地教育正快速走进大众视野。我们相信，随着行业的数字化改革，将会有更多的从业者参与进来。《不止于营地》，不仅是一本行业从业者必读的经营指南，而且也非常适合于关注教育的观察者近距离了解行业的实际情况。

不止于营地 联合发起人 S'MORE THAN CAMP

引进国际经验 助力中国营地教育发展

余跃
风种子 森林营 · 创始人

在天空下，我们的脚步才足够远。在无边的教室里，我们的梦才足够大。在阳光雨露中，我们的心田才有花香。

张京洛
北京万名扬传媒 · 董事长
勇士荣耀全球联盟主席

且将新火试新茶，诗酒趁年华。来吧！忘记生活的困顿，这里有山河大海，星空草原，让我们一起出发，追逐最闪亮的星光！

李晓冬
贝体体育 · 董事长 | 卓跃儿童 · 创始人 | 儿童体能教育 · 发起人
中国儿童体适能联盟 · 专家导师 | 南京大学动商研究中心 · 特聘专家 | 河南大学体育学院 · 客座教授

征服山海的欲望，是孩子本能的向往，山川草木鸟兽虫鱼，万物美且有灵，是孩子审美的根基。营地作为课堂的延伸，带孩子发现生命的另一种可能。

李韬之
北京唯体科技有限责任公司 · CEO

用国际化的视野和理念在营地里培养祖国的下一代，身体、精神双重健康将成为中国孩子未来的终身财富。

黄国忠
真途户外 · 创始人

营地，让教育自然而然发生。

不止于营地 S'MORE THAN CAMP
联合发起人

引进国际经验 助力中国营地教育发展

刘志宏
河北趣营科技有限公司 · 创始人

《不止于营地》，是迈向素质教育的指南。面向未来，步步为营，每一步都算数。

杨山
昆明创新教育研究所 · 主任/研究员

作为营地承接执行者，为众多机构执行营会并获得一定口碑；完全受益于在美国十多个营地考察时吸取他们100多年经验，现在更加全面的经验汇总在这本书里，使国内营地从业者更方便借助他山之玉。

符善翔
海南蓝培教育投资有限公司 · 总经理

营地教育作为家庭教育和学校教育的有效补充，是新兴的素质教育模式和载体，一段好的营地教育经历，能改变一个孩子的一生！

李金泽
历奇营地 · CEO

我们深信，中国营地教育的蓬勃发展，将让更多中国孩子遇见更好的自己！

张保新
西安市精英成长青少年户外体育活动营地 · 创始人
陕西蓝天精英成长营地学院 · 院长

营地没围墙，教育无国界。让青少年高尔夫、击剑、棒垒球、橄榄球等精英运动贯穿校园课后服务，使每一位普通孩子每年都能接受一次成长教育，为国内升学、海外留学保驾护航，专注打造"中国心、世界人"国际化视野、全球小公民！

不止于营地 S'MORE THAN CAMP
联合发起人

引进国际经验 助力中国营地教育发展

Marco D. Reyes
游美营地教育 · 联合创始人
ICF 秘书长

A camp industry must read, helping raise the bar one counselor at a time.

Michael K. Lewis
游美营地教育 · 联合创始人 / 总营长

S'more Than Camp is an incredible book that truly works as a "how to" guide in making camp special! This will show you and your staff how to bring out the value from every camper.

张开
游美营地教育 · 联合创始人 / COO

教育有多种形态，在"营地"这个场景中，教育者亦有多种可能。海纳百川，让我们一起为推动中国的营地教育行业加油！

赵超
自然圈 · 创始人

作为父母，我们常会帮孩子做出选择，然而如果仔细思考，这些选择真的能带给孩子幸福感和成功吗？孩子的幸福感和人生可能性又取决于什么？或许营地教育、自然教育能带来部分解答。身心健康、发现和感受美、运动能力、交流沟通与团队协作、对身边事物保持好奇心，能做出自己内心的选择，这样的孩子是不是会更幸福，人生具备更多的可能性呢？可以留给读者在阅读本书时去发现。

李文翰
酷营 · 创始人 / CEO

中国营地教育行业未来十年的发展，离不开一大批高素质、有情怀、能实干的营地工作者。营地导师是营地教育的灵魂，青年力量是推动营地教育发展的主力军，这本书为青年导师成长提供了丰厚的滋养，是营地导师培训的必读书籍之一。